自分自身にやさしくすれば 悩みの出口が見えてくる

マインドフルネスと心理療法ACT《アクト》で人生のどん底からはい上がる

ラス・ハリス

岩下慶一・訳

The Reality Slap:
How to survive and thrive when life hits hard

Russ Harris

筑摩書房

私のたった一人の息子に。
私がこの本の初版を書いた時、君はまだ五歳だった。
そして改訂版を執筆している現在、君は十四歳の若者だ。
共に生きてきた十四年間、君は私の最高の教師だった。
人生と愛について本当に多くのことを教えてくれた。
おかげで私は成長し、こんなにも多くの愛と喜びをもらった。
それは言葉なんかではとても言い表せるものじゃない。

contents

第1部

どん底の気分からはい上がる

第1章　傷ついた時

人々に突然襲いかかり、人生をひっくり返してしまう〝現実からの一撃〟に、前もって備えておくことは不可能だ。それは様々な形で現れる。愛する人の死、深刻な病気や怪我、悲惨な事故、離婚、裏切り、暴行、浮気、暴力的な犯罪、失業、破産、戦争、火事、洪水、地震、疫病、並べればキリがない。

〝現実からの一撃〟が好きな人はいない。それは誰もが毛嫌いする経験だ。だが、それなりの年月を生きていれば避けようがないことでもある。一撃が強力なほど、苦痛も大きくなる。また、一撃の種類によって経験する感情も様々だ。ショック、悲しみ、怒り、恐れ、不安、心配、恐怖、罪悪感、恥。時にはうらみ、自暴自棄、嫌悪さえも現れる。苦痛が強すぎて耐えられず、神経系統が感情を遮断し、無感覚や空虚感、あるいは〝心が死んでしまう〟ことさえある。

一撃がそれほど強くない場合、比較的すぐに立ち直れる。ただちに起き上がり埃を払って、解決法を見つけ、人生を再開できる場合もある。だが、そう簡単にいかない場合はどうだろう？　愛する人が死んでしまったり、パートナーが去ったり、仕事をなくした場合は？　大怪我をしたり、重い病気にかかったり、人生を台無しにするような暴力犯罪に巻き込まれたら？　愛するものが病気になったり何かに苦しんでいる時は？　あるいはパンデミックによって世界が混沌に陥った場合は？

現実からの一撃には常に何らかの喪失が絡んでいる。私たちは死や離婚、別離、対立によって大切な人間関係を失うかもしれない。健康を損なったり、仕事を失ったり、自立した生活ができなくなることもあるだろう。安心感、信頼感、安全だという感覚をなくしてしまうこともある。自由、援助、親密な関係など、私たちが心から大切にしているものも突然消え失せてしまうかもしれない。

現実からの一撃は、苦境の中でなす術もない、困難と不安定に満ちた危機的状況をもたらす。（心理学者が〝トラウマ〟と呼ぶ、破壊的で魂を押し潰すようなショックなどがそれにあたる。）一撃と同時に、あるいはその直後に、悲嘆が現れる。一般に、悲嘆イコール悲しみと信じられているが、そうではない。悲嘆は感情とは別物だ。それは大きな喪失に対する心理的な反応なのだ。悲嘆に浸っている間、私たちは悲しみ、不安、怒り、罪悪感など、様々な感情を経験する。睡眠障害、疲労、倦怠、無気力、食欲の変化などの肉体的反応も起こり得る。

■悲嘆の五段階

エリザベス・キューブラー・ロス博士は「悲嘆の五段階」を設定し、悲嘆を〝否認〟〝怒り〟〝取引〟〝抑うつ〟〝受容〟の五つに分類している。ロス博士の五段階は死と臨終に関してのものだが、実際はあらゆる種類の喪失、危機、トラウマに適用できる。この五段階は明確に定義・分類できるものではない。多くの人は五段階をすべて経験するわけではなく、また一つ一つが順番に起こるわけでもない。それらは強まったり弱まったりし、時には段階が混じり合い、終わったと思ったら再び始まる。だが、どんな種類の喪失も、必ず五段階のいくつかを経験する。したがってこれらを検討するのは意味がある。

〝否認〟とは現在の状況への意識的、または無意識的な拒否、あるいはそれを認識する能力の欠如である。否認は、それを話題にしたり考えることを避けるという形であらわれる。それが起きなかったかのように振る舞うこともある。感覚を麻痺させたり〝遮断〟する、あるいは非現実的な感覚が強まり、呆然として歩き回る、悪い夢だったと思い込むなども起こりうる。

〝怒り〟の段階では、自分自身や他者、あるいは人生そのものに、その矛先を向けるかもしれない。さらに、憤り、憤慨、激怒、強い不平等感、不公平感など、怒りの〝親戚〟も次々とやってくる。

〝取引〟は、現実を変化させるために交渉しようとすることだ。神に命乞いをすることから医者に手術は成功すると保証させようとすることまで様々だが、その多くは希望的観測を持ち込んだり、「もしあの時ああなっていれば」「もしあんなことが起こっていなければ」といった別の過去をあれこれ想像することだ。

〝抑うつ〟という用語は少々誤解を生みやすい。この場合の抑うつは、臨床的な抑うつとは意味合いが異なり、悲しみや悲痛な思い、後悔、恐れ、不安、心配などを指す。これらは大きな喪失にはつきものの自然な感情だ。

最後に〝受容〟。これは、突きつけられた新たな現実と争ったり避けたりせず、平和的に受け入れることだ。受容は私たちを解放し、人生を立て直すためにエネルギーを振り向けることを可能にする。（一撃の直後には不可能にしか思えないだろうが。）

■闘うか、逃げるか、それとも〝すくむ（固まる）〟か

現実からの一撃がもたらすカオスの真っ最中には、不快な肉体的反応を経験する。いわゆる〝闘争・逃走反応〟だ。中にはあまり知られていない〝すくみ反応〟を起こす人もいる。

こうした反応を理解するために、またそれらが起こる理由と、私たちにおよぼす影響を知るために、少し時代をさかのぼってみよう。私たちの祖先の一人が単独でウサギ狩りに出かけ、母親グマと鉢合わせしたとしよう。彼はコンマ何秒か固まってしまう。きわめて警戒心が強く、人間を脅威と考える母親グマは、かたわらの二匹の子グマを守ろうと攻撃してくる。

危機から逃れるためにあなたの祖先ができることは二つしかない。一目散に逃げるか留まって闘うかだ。思考をめぐらすよりも先に彼の自律神経系が作動する。知ってのとおり、〝自律性《オートノミー》〟とは単独で判断をすることだ。自律神経系という名前もそこから来ている。意識が命令を下す前に、自分にとって一番良い決断をするからだ。したがって心は「やばいぞ、闘争・逃走モードに切り換えよう」とは言わない。自律神経系はあなたが思考を生み出す以前に決定を下し、体を〝闘争・逃走〟状態に叩き込む。

私たちの祖先に話を戻そう。闘争・逃走モードに切り替わった彼は、腕や足、胸、首の主要な

筋肉を緊張させ、次の行動に備える。アドレナリンが噴出し、心臓は早鐘のように打ち、血液を筋肉に送り込む。戦闘態勢に入った彼は、手にした槍を可能な限り強く投げる。

だが渾身の一撃は当たらなかった。槍はクマにかすり傷を負わせ、血が滲んだだけだった。クマは激怒してしまい、一方彼にはなんの武器もない。こうなったらあらん限りのスピードで逃げるしかない。

だが母グマは彼よりも速かった。クマは易々と彼を捕らえ、地面に叩きつける。

人間がクマと戦う術はない。もはや逃げることも不可能だ。ここで再び、彼の自律神経系が意識による思考よりも早く行動を起こす。闘うことも逃げることも叶わないことを悟った自律神経系は、体を〝すくみ反応〟に切り換える。なぜか？　クマは獲物が反撃してくることを好まないからだ。人間が叫び抵抗するほど、クマは激しく攻撃してくる。この場合、生き延びるための最善策は、じっと横たわっていることなのだ。

〝すくみ反応〟はこうして起こる。迷走神経（脊髄の次に大きい神経）が人間を凍りつかせ、筋肉が麻痺し、動けなくなってしまう。と同時に感覚も〝遮断〟される。苦痛が小さければ、叫んだり抵抗することも少なくなるからだ。こうして彼は文字通り〝固まり〟、恐怖で麻痺し、恐れに無感覚になってしまう。運がよければ、静かに横たわっているうちにクマが興味を失い、去っていくかもしれないし、助けが来るまで生き延びられるかもしれない。

私たちの神経システムと体は、いかなる恐怖に対しても闘争・逃走・すくみ反応によって対応するようにできている。（この神経システムは他の哺乳類や、鳥、爬虫類、ほとんどの魚類にも共通だ。）現実からの一撃は恐ろしい。そしてそれが起こった時、私たちは闘争・逃走反応で対応する。それはふつう、恐れと不安（逃走）として現れる。時には怒り（闘争）が優勢になることもある。極端なケースで、神経システムが闘争も逃走も無意味であると判断した場合、すくみ反応が起こる。すくみ反応に陥ると、文字通り〝凍りつき〟、動くことも話すこともできなくなる。失神や体外離脱さえ起こり得る。

現実からの一撃に見舞われた直後の数日間、あるいは数週間は、闘争・逃走、あるいはすくみ反応を繰り返し経験することがある。ちょっとしたきっかけでショックな出来事を思い出し、すぐに反応が起こる。これは記憶、思考、感情、感覚などの私たちの内面のものごとだけでなく、外部の要因、たとえば特定の人々、場所、食べ物、音楽、写真、特定の物、本、ニュースなどに触発されることもある。〝闘争反応〟は、怒り、フラストレーション、いら立ちとして現れる。〝逃走反応〟は、恐れ、不安、心配などに姿を変えてやってくる。〝すくみ反応〟は、無感覚、無気力、疲れ、朦朧とする、行動の中止などを引き起こし、それらはしばしば無力感、絶望、落胆などにつながる。

さて、私たちは現実からの一撃に対する一般的な反応を見てきた。ここで大きな疑問が持ち上がる。

■私たちに何ができるか？

実のところ、私たちは現実からの一撃にうまく対処しているとは言い難い。それがもたらす苦痛の思考、感情、記憶、そして肉体的反応にいとも簡単に捕まってしまう。それらは私たちを小突き回し、自己破滅的な習慣に駆り立てる。薬物やアルコールの濫用、家族や友人を遠ざける、かつては楽しんでいた行動を止める、愛する人々と喧嘩をする、引きこもる、ベッドやソファで長時間過ごす、等。

　これらの行動はある意味正常であり、極めて一般的だ。問題は、それが事態をさらに悪化させてしまうことだ。だが、ひとつ良い知らせがある。こうした状況を打破し、悲しみ、喪失感、危機感に効果的に対処する方法があるのだ。

　本書は、アクセプタンス＆コミットメント・セラピー（ＡＣＴ　エー・シー・ティーではなくアクトと発音する）に基づいている。ＡＣＴは一九八〇年代、米国の心理学者スティーブン・Ｃ・ヘイズが科学的知見に基づいて開発したメソッドだ。本書を執筆中の現在（二〇二〇年）までに、ＡＣＴに関する三〇〇〇以上の論文がトップクラスの科学雑誌に掲載されている。それらはすべて、ＡＣＴが悲嘆やうつ、不安や何らかの依存、慢性病、トラウマから脱出するための効果的な方法であることを示している。ＡＣＴは人々の痛みや苦しみを昇華し、逆境においてさえ豊かで意味ある人生を創造するための、強力かつ実際的な方法なのだ。次の章から順を追って細かく説明していこう。

　ただし、話を進める前に断っておかなければならないことが二つある。

　一つは、現実からの一撃に対し、たった一つの〝正しい〟あるいは〝適切な〟対処というものは存在しないということだ。反応は人によって異なる。こう感じるべき、あるいはこう感じてはいけない、これこれの期間それを感じているはず、等の先入観があったら手放してほしい。ある人は数日間、数週間泣き通しかもしれないし、またある人は涙ひとつ流さないかもしれない。そしてどちらの反応も正常なのだ。

二つめ。悲しみ、喪失、危機に対するベストの対処、正しい対処といったものも存在しない。やり方は人それぞれで、ある人には効果的な方法が、別の人にも有効とは限らない。

この本は多くの人々によってその効果が実証されたヒントや役に立つツール、戦略や提案をたくさん含んでいる。だが誰にでも効く方法はない。なのでどうか、本書で紹介する方法をあなたの置かれた状況や問題に合わせて試し、修正した上で利用してほしい。（うまくいかない方法は遠慮なく無視してほしい！）

私の年齢（五十三歳）に達している人のほとんどは、現実からの一撃をそれなりの数経験しているはずだ。私の最初の一撃は子供時代にさかのぼる。二人の親戚から何年にもわたって繰り返しいじめを受けたのだ。もう少し後になってからは、両親の死、友人や家族の死、苦痛に満ちた離婚、大けがによる慢性的な痛み、そして年端も行かない息子が重い病に冒され、継続的に集中治療を受けなければならなくなったことで、四年間強いストレスにさらされる等を経験した。（幸いなことに、息子は完全に回復した。私たちは本当に幸運だった。読者の中にはこんな幸運を得られなかった人も多くいるだろう。）こうした人生の困難のさなか、ＡＣＴは本当に助けになった。また、私も多くの人を助けることができた。

私が一番感動したのはＡＣＴがあらゆる状況で役に立つことだ。二〇一五年、私は世界保健機関（ＷＨＯ）のために、難民キャンプで使用するＡＣＴプログラムを作り上げた。

ＷＨＯは現在、このプログラムをトルコ、ウガンダ、シリアを含むいくつかの国で使用し、戦争、迫害、暴力、愛する者の死、家や仕事、祖国を失う苦痛、そして難民キャンプの味気ない生活などがもたらす〝現実からの一撃〟の軽減に役立てている。正直にいうと、当初私はこのプログラムに懐疑的だった。こんなにも大きな困難を抱えた人々にどれほどの効果があるか分からなかったからだ。数年後、ＷＨＯが研究結果を発表し、難民たちがプログラムを気に入っただけでなく、つらい人生を生き抜くための大きな助けになったことを知った時には本当に安堵し、大喜びしたものだ。

本書はＷＨＯのプログラムに非常に近いものだ。それは三つのパートに分かれている。第1部のタイトルは「どん底の気分から這い上がる」、挫折の後に自分を再構成し、平静さを取り戻すことだ。ここでの目的は、自分をうまく扱い、苦痛の思考や感情に対処することである。第2部は「人生を再生する」、タイトル通り、一歩ずつ人生を取り戻していく方法だ。受けたダメージがどんなに大きかろうと。第3部は「人生に再点火する」。ここでは活力、生命力を取り戻し、人生がもたらすものに感謝できるようになることを目的とする。（これも、現時点では不可能に思えるかもしれない。）

本書の付録として、The Reality Slap: Extra Bitsという無料のＥブックを用意した。名前の通り追加の情報を含んだもので、本書で紹介するエクササイズの音声版である。このＥブックは私のウェブサイト、www.thehappinesstrap.com の無料素材から入手できる（英語のみ）。

ここまで読んで、あなたの心は反論するかもしれない。「自分の場合は当てはまらないよ、この本は役に立たない、自分の人生はからっぽで耐え難く、今後もそれは変えようがない」。もしそうだとしても、安心してほしい。初めてこのメソッドに接した人にはよく見られる反応だ。本当を言うと、この本があなたの助けになる可能性は非常に高いが、それを保証することはできない。保証できるのは、あなたが今、心の疑いの声を聞き入れて本書を読むのをやめたら、恩恵を受ける可能性は無くなってしまうということだ！

心が疑っても放っておこう。言いたいことを言わせておくのだ。だが読むのをやめてはいけない。心には後ろで鳴っているラジオのように好き勝手にしゃべらせておき、困難から立ち直り、人生を謳歌する方法を探究しよう。

第2章　最初にすべきこと

ナタリーの顔色はまるで冬の月のように青白かった。頬には涙の筋が伝い、ブラウスを濡らしていた。彼女は体を小刻みに震わせながら泣いていた。十日前、彼女の十代の息子は轢き逃げの犠牲になっていた。警察はまだ犯人を捕まえられずにいた。「心が粉々に砕けたようでした。」ナタリーは嗚咽の中で何とか声を絞り出した。「どうすればいいんでしょう？」彼女は繰り返した。「これから何をすればいいのか分からない……」

■自分がコントロールできることに意識を向ける

喪失やトラウマによって心にぽっかりと穴が空いた時、自分ではどうにもならない悲惨な出来事と折り合いをつけようともがく時、私たちはとてつもない無力感に襲われる。この章では、現実からの一撃が起こった直後、それに対処するための有効な方法を検討する。

最初のステップは、恐れと憂うつは避けようがないのを理解することだ。人生を破壊するような、恐れと不安に満ちた状況では、それは当然の、自然な反応だ。そして私たちは、未来に何が起こるか、この出来事が自分や愛する人々にどんな影響を与えるか、この後に何が待っているか等、自分のコントロールが及ばないことを恐れるものだ。過去をくよくよ思い悩むのもよくあることだ。苦痛な経験を何度も思い返す、別の行動ができなかったか考える、それによって変わったかもしれない過去を夢想する、責める相手や物事を探す。問題は、コントロールできないことに意識を向けるほど、希望はしぼみ、不安や怒りが現れることだ。つまり、どんな喪失や危機、トラウマにおいても、最善の方策はコントロールできることに集中することだ。

私たちは未来をコントロールできない。過去もコントロールできない。また、他者の行動もコントロールできない。何より、自分の思考や感情をコントロールすることはできない。苦痛な思い出や感情を魔法のように消し去り、喜びと幸福に置き換えることは不可能だ。だが、今この場所での自分の行動、腕や膝、手や足を使った肉体の動作は、今すぐ変えることができる。これこそが私たちが意識とエネルギーを集中させるべきことだ。自分の行動をコントロールする、これが現実からの一撃から逃れる最初のステップだ。その具体的な方法をいくつか探究してみよう。

■誰も一人では生きられない

シャンティの夫が彼女を捨てて幼なじみと逃げてしまった時（二人は二年間浮気を続けていた）、彼女の言葉によれば、シャンティは〝砕け散って〟しまった。彼女は怒りにまかせて泣き叫び、悲しみの濁流に押し流され、不安の暴風に晒され、恥ずかしさと情けなさに苛まれた。そして選んだ行動は、外の世界との交流を絶つことだった。彼女は家族や友人との交流を避け、家に引きこもった。暴力的な性犯罪の犠牲になったミシェルも同じような行動をした。仕事を失ったデイブも同様だった。シャンティ、ミシェル、デイブが引きこもった動機は同じだった。起こった出来事について人に話すのが嫌だったのだ。それはあまりに気まずく、不快なことだった。苦痛の記憶と感情を呼び覚ますからだ。

一方、ヘレンとフィリップが引きこもったのは別の理由だった。ヘレンの夫は突然ひどい心臓麻痺に襲われ世を去った。フィリップの夫は膵臓がんで数ヶ月闘病した後亡くなった。喪失の後、ヘレンもフィリップも家族や友人から遠ざかった。あまりに疲れてしまったためだ。他者と付き合うエネルギーが残っていなかったのだ。

私たちは、特定の人々を遠ざけることがある。それは、私たちが失ったものを所有する人々である場合が多い。彼らと自分の生活を比べてあまりに差が激しい場合、耐え難い苦痛を感じるのだ。赤ん坊を髄膜炎で失ったヨーコは、子供のいる友人たちを遠ざけた。流産を経験したアラナも同様だった。二人にとって、小さな子供のいる家族と一緒にいることは耐え難い苦痛だった。

ラダの〝現実からの一撃〟は線維筋痛症（結合組織炎とも呼ばれる）だった。上腕、肩、首、背中、お腹にやけつくような痛みとズキズキ感が襲い、さらに頭痛や肩こり、強い疲労と倦怠感に悩まされた。病のせいでかつては当たり前にできた日常行動が難しくなった。ラダは愛する人々から遠ざかった。人付き合いがひどく疲れるものになったのと、家から出るのが肉体的に苦痛になったからだ。親しい人々と付き合いを断つ理由はさまざまだ。人々の負担になりたくないという理由もあれば、彼らに気まずい思いをさせたくないという場合もある。友人たちが居心地悪そうにしたり、あなたにどう接するか、どんな言葉をかければよいか分からないでいるのを目の当たりにするかもしれない。そして自分自身も同様に気まずい。あるいは、「私は一人で乗り切らなければならない」「私には誰も必要ない」等のストイックな考えに取りつかれることもある。

　こうした反応はまったく自然なものだ。（同じセリフを繰り返しているのは分かっている。だがこのメッセージは重要なのだ。なぜなら、私たちはすぐに自分の反応を、異常なもの、欠陥のある間違ったものと考えるからだ。）問題は、私たちが他者を遠ざけると、苦痛の感情が強まってしまうことだ。「人間は社会的な動物だ」という言葉を聞いたことがあるだろう。繁栄を望むなら、他者と楽しい時間を過ごすことが必要なのだ。だが現実からの一撃に打たれると、私たちはもっとも自分を気遣ってくれる人々さえ遠ざけてしまう。そして惨めさに浸りきり、愛する人との交わりを避け、苦痛がさらに増してしまうのだ。

　彼らがあなたを理解し、気遣い、援助してくれる限り、人々と交流することは重要だ。あなたが連絡できる人は誰だろうか？　どうやって交流できるだろうか？　直接会う？　電話する？　それともビデオチャット、テキストメッセージを使う？　誰かに連絡するのは自分でコントロールできる行動だ。もう一つ覚えておこう。どのくらいの時間交流するか、何をするかを決めておくのはよいことだ。

「ちょっと電話してみたんだ、五分しか話せないけれど」

「いいよ、遠慮なく寄ってくれ。今は三十分しか付き合えないけれど」

「申し訳ないけど、今は何が起こったのか話したくないんだ」

「話はしたくない。ただ抱きしめて欲しい」

「映画でも見よう」

ノーと答えてもかまわない。気が進まない場合、丁寧に誘いを断ろう。また、誰かと話していて休憩したいと思った場合、その場を離れてもまったく問題ない。相手に伝えよう。「ごめん、ちょっと一休みしたい。ちょっと気持ちがたかぶっちゃって」。そして他の部屋に行ったり散歩にでかけよう。

よくあるのは、他の人々があなたにどう接すればよいか分からないケースだ。彼らはあなたの助けになろうとするが、多くの場合うまくいかない。彼らはしばしば空虚な言葉を投げかける。「どんな出来事にも理由があるんだよ」あるいは「もっと強くなれよ！」。時にはポジティブ・シンキングや理性的な思考を押しつける。逆に、何が起こったか、今どんな気持ちか尋ねることを極力避け、あなたの気を逸らそうとして話題を変えることもある。または、未来がいかに明るいかを語ったり、問題の解決方法を教えようとする。かと思えば説教臭く、「神は人が耐えられる試練しか与えないものさ」などと言ったりする。だが彼らは悪くない。彼らはあなたを助けるべくベストを尽くしているのだ。残念なことに、私たちの社会はこういう時どうすればよいかを教えてくれないのだ。

■試行錯誤

Googleで検索すると、現実からの一撃を喰らった時の対処法が電子の倉庫から山のように出てくる。中にはかなり素晴らしいものもあるが、まったくのゴミもたくさんある。だが誰にとっても有効なアドバイスは一つもない。私たちは色々試して自分に合う方法を見つけなければならない。

　こうした事実を踏まえて、二つばかり言っておきたいことがある。

　まず、多くの人は外の新鮮な空気を吸うことが大きな助けになると語っている。大自然の中を歩くことは大きな慰めとなる。大きな存在とつながった感覚が持てる上、屋内の生活がもたらす困難から逃れることができるからだ。大自然の中では真の自分でいられる。草や木々や空に囲まれていれば自信ありげなふりをする必要はない。しなければならないこともない。ただ歩き、呼吸し、周りの世界に気づくだけだ。自分が感じていることをあるがままに味わおう。

　もう一つ、大きな決断の際は慎重になることだ。好調な時でさえ大事な決断をするのは難しい。現実からの一撃の後ではさらに困難になる。心的能力をすべて発揮させることができないからだ。大抵の場合、疲れ、睡眠不足に陥っている。心はさまざまなことに対処しようと必死で、頭はまともに働かない。なので、もしあなたが大きな決断をする場合は、まず考えよう。しばらく延期するか、信頼している誰かに事を任せた方がよくはないか？　そうした選択が不可能な場合でも、第5章で紹介する〝錨を下ろす〟テクニックを使って地に足をつけ、心を落ち着けてから決断しよう。

　よく知られている、悲嘆、喪失、トラウマへの対処法は、常識的には正しそうだが科学的根拠がまったくないものも多い。その一つが「自分の感情をありのままに吐き出さなければならない」というものだ。事実を言うと、必ずしもその必要はない。確かに多くの人は感情を吐き出すことで楽になる。このやり方が自分に合うと思うなら、方法は山ほどある。一番簡単なのは、友人や家族、サポートグループの仲間やセラピストに対し、正直にオープンに話すことだ。またこれに代わる方法として人気があるのは、日記に自分の感情を書き出すことだ。あなたがクリエイティブな人間なら、詩や散文、音楽、絵画、スケッチ、彫刻、あるいはダンスで感情を表現してもよい。

だが、このやり方が誰にも効くわけではないことは覚えておいてほしい。ましてや絶対そうすべきだなどということはまったくない！　感情を吐き出さなくても現実の一撃から立ち直ることは可能だ。この方法が自分に合うかどうか分からない場合、一番いいのはとりあえずやってみて結果を見ることだろう。もし助けになるようなら続け、ならないなら止めよう。

■バランスを取る

〝セルフケア〟という言葉を聞いて、あなたは目を白黒させてうめくかもしれない。だがこれに触れないわけにはいかない。今の時点ではセルフケアなどあまりに重たいことかもしれない。そうならそうで構わない。これからの何章かであなたは重圧の扱い方を学び、自分にとって大切な行動のためのモチベーションを少しずつ培っていく。

セルフケアはちょうど二つの物事のバランスを取るようなものだ。私たちは休息を望んでいる。プレッシャーを追い払い、責任から逃れ、休息をとって元気を取り戻したい。だがもう一方では、自分のプラスになることを続けたいと願っている。

たとえば、現実からの一撃を受けたあと、休息、いわゆる〝ダウンタイム（停止時間）〟を多めにとることが助けになる。これは理にかなっている。ショックな出来事は多くのエネルギーを奪うからだ。感情の嵐は私たちを疲弊させるだけでなく、多くの場合うまく眠れなくなる。だが一日の大半をベッドやソファで過ごす生活を何週間も続けるのは、長い目で見るとマイナスである。

食べることに慰めを見出す人もいる。チョコレート、アイスクリーム、ピザ、いつも以上に酒を飲む。ほどほどであれば問題ない。だが度を越すと、すでに抱えている以上の問題を引き起こしかねない。

エクササイズも同様だ。強いストレスと緊張を経験した後、日常のエクササイズ量が減るのは自然の成り行きだ。だがまったくやらなくなると健康が損なわれる。体を動かすことは大切だ。特に前述のラダのように、慢性病やけがを抱えている場合は。線維筋痛症からくる体の痛みやこり、疲労のせいで、ラダはかつてやっていたエクササイズやフィットネスをすることができなくなった。特にラテンダンスやエアロビクスはまったく不可能だった。だが糖尿病、心臓病、喘息、高血圧などの慢性病と同様、運動を完全にやめてしまうと線維筋痛症は悪化する。ラダは、病気による制限が許す範囲でエクササイズをする必要があった。彼女はまず、理学療法士の指示による基本的なストレッチと筋トレ、そして杖を使ったごく短距離のウォーキングから始めた。

セルフケアのプランを立てることはとても役に立つ。エクササイズやヘルシーな食事、薬やアルコールをほどほどにする、適切な休息とリラックス、適切な睡眠などによって自分の体をどのようにケアできるか考えてみよう。また、現実的であることも重要だ。これらを実行するのがあまりに難しいなら、今は手をつけなくてもよい。第18章「悪い習慣を打ち壊せ」まで読み進めれば、自分を動機づけるために必要なツールが揃うはずだ。

趣味やスポーツ、クリエイティブな行為なども忘れてはいけない。混乱すると、こうした行為はあっさり忘れ去られてしまう。問題に向き合っている間は、これらを休止するのは悪くない。だが大抵の場合、早く再開すればするほど回復も早くなる。最初は以前のようには楽しめないかもしれない。感情がたかぶっているか、疲れ果てているかで、完全に集中できないかもしれない。だが辛抱強く続ければ、それらがどんなに慰めになるか、どれだけあなたを勇気づけてくれるかに驚かされるだろう。

自分の状況に合わせたセルフケアをすべきなのは明らかだ。大きな手術や化学療法、深刻な病気などからの回復途上なら、ジムでワークアウトするのは無理だろう。だがベッドの中でもできるエクササイズはある。そしてベッドから出ることができれば、医者が勧めるエクササイズによって徐々に強さを取り戻せる。あなたが経験した〝現実からの一撃〟が怪我や病気でないなら選択肢はもっと多いはずだが、それをするエネルギーがないかもしれない。その場合はもっと簡単なこと、散歩などから始めよう。

ナタリーが「私に何ができるの?」と自問したのは非常に意味あることだった。過去を変え、亡くした息子を取り戻し、心を癒すことは不可能だ。だがほんの小さなセルフケアの行動は可能だ。それは、人生のコントロールを少しでも取り戻すためには大切な一歩だ。

忘れないで欲しい、セルフケアに大きな努力は必要ない。歯を磨く、シャワーを浴びる、健康的な食事をする、それらも立派なセルフケアだ。友人と交流したり好きな音楽を聴いたり、この本を読むこともそうだ。そしてどんな小さなセルフケアにも効果がある。（たとえ心がこんなもの役に立たない、と言ったとしても。）

第3章　やさしい言葉

強烈な現実からの一撃に打たれてよろめいた時、家族や友人に何を望むだろうか？　多くの人が求めるのは同じものだ。誰かがそばにいてくれること、自分を真に気遣ってくれる誰かが支えてくれることだ。自分を理解しようとしてくれる誰か、痛みを察し、どんなに傷ついているか分かってくれる誰か、一緒に時を過ごしてくれ、空元気で平静を装ったり、すべてＯＫだという振りをせずに、本音をぶちまけることを許してくれる誰かだ。自分を援助し、優しく接し、手を差し伸べ、その行動によって、自分は孤独ではないということを実感させてくれる誰かだ。ここで大きな疑問が浮かぶ。他者にこのような接し方、気遣いと理解、優しさを望むのに、なぜ私たちは自分で自分をひどく扱うのだろう？

現実が私たちを打ちのめす時、私たちはあらゆる優しさを必要とする。だが多くの人にとって、それはなかなか得られない。なぜか？　私たちの心には自分を裁き、批判し、打ちのめそうとする傾向があるからだ。大きな棒で私たちを打ちつけ、倒れているところに蹴りを入れる。心は私たちに言う。お前には強さが足りない。もっと上手く事態を乗り切れ、もっと恵まれない人はたくさんいる、文句など言うな。あるいは、しっかりしろ、気を落ち着けて情けない泣き言を言うのをやめろ。時には、起こったことの原因が私たちにあると責めさえする。

愛する誰かが死んだ時、心はなぜ彼らをもっと愛さなかったかと私たちを責める。一緒に過ごす時間が短かったと責める。愛する気持ちを十分に伝えなかったと責める。時には彼らの死を防げなかったと責めさえする。（特に自死の時にはよく見られる。）私のクライアントの一人は、自分一人が飛行機事故から生き残ったことを責めていた。彼の心は、十二人の乗客が死んだのに彼一人が生き延びたのは不公平で、「お前は生きるに値しない」と責め立てた。（これは〝生存者の罪悪感〟として知られるものだ。）別のクライアントは自分の息子が統合失調症であることを自分のせいだと思っていた。「私のせいなんです。私が悪い遺伝子を与えたんですから」

あなたを攻撃してこない場合でも、心は往々にして冷たく無慈悲で、あなたのことなど意に介さない。そしてサポートするどころか魂を押し潰そうとする。「お前の手には負えない」「人生に生きる価値などない」、時には、「嘆くな、めそめそするな、文句を言うな」と言ってくる。未来についてひどい恐れを抱かせることもある。そして、繰り返すが、これはごく普通の反応なのだ。だがもちろん助けにはならない。ではどうすればよいか？

■ヒッピーのたわごと

イタリア系オーストラリア人の警官、アントニオは、マッチョな巨体に固く腕組みをして顔をしかめていた。「こんなヒッピーのたわごとみたいなのはうんざりだ！」。彼はわめいた。奥さんのキャシーに無理やり連れてこられた彼は、私に対する軽蔑を隠そうともしなかった。アントニオは数週間前、生まれたばかりの女の子、ソフィアをＳＩＤＳ（乳幼児突然死症候群）で亡くしていた。彼もキャシーも深い悲しみに暮れていた。だが悲しみに対する二人の対応はまるで違ったものだった。

キャシーは前の章で紹介した方法を試していた。家族や友達と触れ合い、自分の感情を包み隠さず言い、泣くことを自分に許し（時には数時間ぶっ通しで泣くこともあった）、そして何より、自分をとても気遣った。アントニオはそれとは正反対に、人々との交流を断ち、毎晩テレビを見て過ごすようになった。ほとんど口もきかず、かなりの量の酒を飲んでいた。キャシーが失った子供や心の痛みについて話そうとすると、アントニオは決まって怒り出し、彼女を黙らせた。

アントニオは私との面談に嫌悪感を持ってはいたがキャシーのことは非常に気遣っており、状況の改善を望んでいた。彼は、自分の行動が苦痛から逃れるためであったことをすぐに理解した。彼は仕事を愛していたし、日中はそれに打ち込んだ。そしてその間は喪失感を忘れることができた。だが家に帰ると元の木阿弥だった。家の中のすべてが、特に妻のキャシーが、愛らしいソフィアを思い出させた。これらは記憶を甦らせ、今まで感じたことのない痛みを彼に与えた。会話を避けて酒を飲み、テレビの前でボーッとしていると、しばしの間苦痛から逃れることができた。だがそれは、妻との関係というとてつもない代償と引き換えだった。

「俺は救いようのない間抜けだ」彼は言った。「彼女に寄り添ってやるべきなのに、そうしなかった。俺はただ、あのことを思い出したくないだけなんだ。俺は、俺はとんでもなく弱い。情けない奴だ」

「君は自分を責めてばかりだ」私は言った。

「ああ、だって責められて当然の人間だからな。そうだろ？」

「でもね、自分を責めることで、状況が少しでもよくなるかい？」

「あんたはどう思う？」彼は皮肉っぽく言った。「もちろんまったくならないさ」

「それならば」私は言った。「何か他のやり方を試してみてはどうかな？」

アントニオは疑い深げに私を見つめた。「他のやり方って？」

「たとえば、自分にやさしくしてみるとか」

「ヒッピーのたわごとみたいなのはたくさんだ！」彼は叫んだ。

アントニオのような反応はめずらしくない。多くの人が、自分にやさしく接するという考え方に抵抗感を持つ。

「〝自分にやさしく〟がどうしてヒッピーのたわごとなんだい？」私は聞いた。

「あんたの言いたいことは分かってるさ」彼は言った。「キャシーはここんとこずっとその話をしてたからな。例の、何て言ったっけ、そう、セルフ・コンパッションとかいうやつだろ。そんなものを俺に売りつけようったって無駄なことさ」

私は深呼吸してから言った。「これからする質問に、正直に答えてくれるかい？」

彼は肩をすくめて言った。「いいよ」

「君が友達と旅をしているとしよう。それはかなり大変な旅だ。危険と苦労の連続だ。あらゆる困難が襲いかかってくる。君はすっかり振り回されながら、必死に旅を続けていく」

アントニオは所在なげに椅子に座り直した。

「さて」私は続けた。「こういう旅で、どんな友達をパートナーにしたい？〝黙れ！　泣き言を言うな。そんなものは聞きたくない。めそめそするんじゃない。愚痴なんかこぼさずとっとと進むんだ、この弱虫め〟と言う奴か、それとも、〝こりゃ本当にやってられないな。でもさ、一緒にやり遂げようぜ。俺がついてるぜ。どんな時でもな〟と言う奴か」。

アントニオは咳払いをして言った。「まあ、どう考えたって二番目の奴だな」。

「では、君は自分に対してどういう友達なのかな？」私は聞いた。「一人目と二人目のどっちだい？」

■セルフ・コンパッションとは何か？

セルフ・コンパッションの定義は山ほど世に出回っているが、結局は次のものに集約される。「感じている痛みを認め、やさしさをもってそれに接すること」だ。どちらかというとシンプルだが、この短い言葉には深淵な知恵が詰まっている。セルフ・コンパッションとは自分に正直になること、自分が傷つき、痛みを感じているのを認めること、そしてそれを癒すために、やさしく気遣いをもって自分をサポートすることだ。

自分自身にやさしく接することを学べば、痛みにうまく対処し、人生がもたらすさまざまな問題をもっと上手に捌けるようになる。だが大抵の人は、初めのうちはセルフ・コンパッションに対して冷淡である。彼らはそれを、あまりに複雑で雲をつかむような、ニューエイジ的、ヒッピー的な感傷の産物であると思っている。もっともらしい心理学用語を使った科学的根拠のないデタラメだと考えている人さえいる。宗教的な行為だと思っている人もいる。男性の一部には〝女性的で軟弱な〟ものだという見方さえある。性別のことはおいても、かなりの人がセルフ・コンパッションについて、弱い、つかみどころのない、問題解決には無関係のものだと考えている。

　こうした批判はすべて的外れだ。確かにセルフ・コンパッションを実践している宗教もある。また、長年にわたり、ヒッピーやニューエイジの信奉者によってその効果が喧伝されてきたのも事実だ。だが時代は変わった。今や、セルフ・コンパッションは西洋の科学においてその立ち位置を確立している。多くの著名な科学者が（宗教的な意味合いではなく）セルフ・コンパッションの効果について研究し、不安やうつ、悲しみ、トラウマ等、さまざまな問題に効果があることを認めている。

　苦悩している友人にやさしく接するのは、弱いことでも情けないことでもない。ならば自分にやさしくすることも同じではないか？　また、研究によればセルフ・コンパッションは問題解決にも大いに役立つ。それは自己の再編成、再充電を促し、私たちはやる気とエネルギーを取り戻して効果的な行動ができる。

　セルフ・コンパッションは自己憐憫と混同されやすい。人々は言う。「自分を憐れむことに何の意味がある？」　だがそれは勘違いだ。自己憐憫はセルフ・コンパッションとは真逆だ。憐憫とは自分の抱える問題に囚われ過ぎてしまうこと、具体的な解決の努力もせず、それを反すうし続けることだ。本書で紹介するセルフ・コンパッションはまったくの別物だ。これによってあなたは、自分の痛みをすぐに認識し、癒すための行動がとれる。（もちろん自己憐憫や悲嘆なしに。）

　セルフ・コンパッション否定派は私のクライアントにも多い。彼らは言う。「そんな時間はありませんよ。家族の面倒を見なければならないんでね」。そんな時私はこう質問する。「飛行機に乗ったことはありますか？　その時警告が出るでしょう？〝他の人を助ける前に、まずご自分が酸素マスクをかけてください〟というやつです。あれにはちゃんとした理由があります。三十秒以内にマスクをしなければ、あなたは気を失います。そうなったら他人を助けるどころではありません。セルフ・コンパッションは酸素マスクをつけるようなものだと思ってください。あなたはずっとうまく状況に対処でき、周りの人を助けられるのです」。セルフ・コンパッションを〝諦めること〟〝問題を投げ出すこと〟だと勘違いしている人もいる。これも大きな誤解だ。セルフ・コンパッションとは諦めることなく前進し、問題と取り組む勇気を与えてくれるものだ。

　セルフ・コンパッションは身勝手で自己中心的だとして遠ざける人もいる。だがあなたは、親友が困難に喘いでいる時、飛んでいって助けてやるのではないだろうか？　彼があなたのやさしさと助力を受け入れるのは、身勝手で自己中心的だろうか？　もちろんそんなことはない。なのにセルフ・コンパッションが身勝手だと言うのはダブル・スタンダード（二重基準）ではないか？　友人がやさしさや気遣いを得られるなら、自分だって得ていいはずだ。

　ここであなたの心の声に耳を傾けよう。心は同意しているだろうか？　それともこう言うだろうか？「いや、僕はセルフ・コンパッションなんて値しない人間だ」。後者であっても心配ない。私たち誰もが何らかの「自分はそれに相応しくない」という物語を抱えているものだ。特に「私は無価値だ。やさしさを受ける資格がない」というのは非常に多く見られるパターンだ。「自分にはその価値がない」の物語にどう対処すればよいかは後ほど説明するが、とりあえず今はそれを抱えていることを認めてほしい。自分に対して言ってみよう。「分かったよ、僕の心は僕を責めている。批判している。〝お前はそれに値しない〟と言っている」。そのあと、心に言いたいことを言わせよう。心に議論を吹っかけたり反論してはいけない。なぜなら勝ち目はほとんどないからだ。これから説明するエクササイズを身につけるまでは、心には得意技を発揮させておこう。

■痛みを認める

「オーケー、あんたの言うことは分かった」アントニオは言った。「でも俺にはそういうのは無理だ。警官として、泣き言を言わず淡々とやることを学んできたんだ」

私はうなずいた。「つまり、君の〝初期設定〟は一人目の友人、〝ブツブツ言うな、黙ってやれ、泣き言をやめろ、誰もお前のことなんて気にしてないぞ〟なんだね？」

アントニオはうなずいた。「まあその通りだな」

「でもたとえば、君の親友が娘を亡くしたら、そういう態度はとらないだろう？」

「もちろんだ」

「彼に何と言う？」

「うーん、まいったな、まるで思いつかない」

「ではちょっと考えてみてほしい。ものすごい苦痛を感じている人が言ってほしいのは次の二つだ。〝君の気持ちはよく分かるよ〟〝いつでも君のそばにいるよ〟これを自分流に伝えるとしたら何と言う?」

アントニオはしばらく考えてから静かに言った。

「たぶん、そう、こんなふうに言うだろうな。〝まったくやってられないよな。ほんとに最悪だ。こんなのは許されることじゃない。とくにお前がこんな目にあうなんてな。だが俺はお前の味方だ。できることがあれば言ってくれ〟」

彼の声は上ずっていた。〝タフな警官〟の仮面は消え、目には涙が溢れていた。

アントニオも私たちと同様、人にやさしく接するやり方は知っていたが、それを自分に向けることに抵抗を感じていた。あなたがこうした抵抗感を持っていないなら、つまりごく自然に自分にやさしくできるなら、とてもラッキーだ。読者のほとんどは、私が最初にセルフ・コンパッションについて聞かされた時と同様、かなり難易度が高いと感じていると思う。なので段階を踏んで紹介していこう。最初の一歩はまず自分の痛みを認めることだ。現実からの一撃は苦痛だ。それもかなりの苦痛だ。私たちは痛みが収まることを切望するが、大抵の場合収まらない。

自分へのやさしい語りかけは主にふたつある。両方ともアントニオの言葉の中にあったものだ。

1．痛みを認める

2．やさしさをもって反応する

■最初のステップ

〝痛みを認める〟とは、それについて思い悩んだり、どっぷり浸ったり、自己憐憫に陥ることなしに、それがどれだけ苦痛かに正直になることだ。自分の中で長々と独白を始めてはいけない。「ああ、まったく最悪だ。もうこれ以上耐えられない。こんなに落ち込んだのは初めてだ。いつになれば終わるんだ？」これでは惨めさと絶望しか生まない。友人の苦痛を理解する時のように、もっとやさしく、正直に自分の痛みを見つめよう。

ひとつの方法は、短くて憶えやすいセリフにすることだ。これには苦痛に浸らずそれを客観的に見られるという効果もある。「ここに〜がある」「私は〜に気づいている」「私は〜を持っている」等の言い回しはとくに有効だ。「悲しみがあるな」「今私は怒りの感情に気づいている」「私は絶望の感情を持っている」等。ちょっと奇妙な表現だが、それには理由がある。

私たちはふつう、「私は悲しい」とか「自分は孤独だ」「私は怒っている」といった言い方をするが、それは自分イコール感情だという感覚を助長する。だが「私は悲しみに気づいた」や「ここに孤独感があるぞ」「私は怒りの感情を持っている」と言えば、感情と距離を取り、これらの困難な気持ちが自分自身とは別のもの、人生を行き過ぎる経験であると理解できる。

これらのちょっと変わった言い方、「恐れに気づいている」や「ここに不安があるぞ」等は、痛みから数歩下がり、それを自分と切り離してくれる。そうなれば感情に押し流されることも少なくなる。また自分の現在の感情を特定できなくても、あるいは感情が多過ぎて一つに絞れない時でも、〝苦しめられる〟〝嘆く〟〝傷つく〟〝失う〟〝痛み〟あるいは〝悲痛〟といった言葉を使えばよい。「ここに苦痛があるぞ」、「私は自分の悲痛に気づいている」などだ。一方、思考が凍りついて感情が消えてしまったら、「無感覚になっていることに気づいている」あるいは「感情がからっぽになっている」と言ってもいいだろう。

　もうひとつ、役に立ちそうな方法は、〝今現在〟あるいは〝今この瞬間〟という言葉を使うことだ。「私は今現在、喪失感に気づいている」「今この瞬間、悲嘆が私の中にある」または「今この場所に、怒りがあることを認識している」などと言おう。

　この言い回しは、苦痛な思考や感情があくまで一過性のものであることを分からせてくれる。それはちょうど天候のように常に変化していくのだ。たとえ人生最悪の日であってさえあなたの気分は変わり、上向いたり落ち込んだりする。今現在悲しみを認識したとしても、少しすれば別の感情が現れる。役に立つ言い回しはほかにもある。「これは一時的な〜の瞬間である」や「今は〜の時である」、あるいは「これは〜の経験だ」等。「これは大いなる悲しみの時間だ」とか、「今は怒りの瞬間だな」と言ってみよう。

　要は、これらの言い回しをいろいろ試して自分に役立つ表現を生み出すことだ。セルフ・コンパッションの権威であるクリスティーン・ネフは「今は苦痛の時だ」という言い方を好んでいる。このセリフには多くの人に訴える詩的な響きがある。だがもっと日常的な言葉を好む人もいるだろう。線維筋痛症に苦しんでいたラダは「これは本当に苦痛だわ」という言い方が好きだった。ひき逃げによって息子を失ったナタリーを憶えているだろうか？　彼女は「今悲しみがあることに気づいている」というフレーズを使い、アントニオはシンプルな言い回し、「ここに〜がある」を好んだ。「ここに悲しみがあるぞ」「怒りがあるぞ」などなど。（本書の最初の版を読んだ私のクライアントはこんな言い方をした。「ああ、これは〝現実からの一撃〟だな。かなり痛いぞ！」）

あなたも今すぐやってみよう。

■痛みを認めるエクササイズ

●今現在抱えている苦痛の感情を認識し、それにラベルづけをしよう。〝怒り〟〝悲しみ〟〝不安〟〝孤独〟といった具合に。

●次に、ゆっくりとおだやかに、やさしい平和的な口調でそれを認めよう。「私は〜があることに気づいている」「ここに〜があるぞ」

●ここでちょっと、ゆっくりやさしい呼吸をしよう。息を吸って、吐いてみよう。

●そして再びやってみよう。

●とてもゆっくり、やさしくおだやかに、心の中で囁こう。「ここに〜があるのに気づいている」「〜があるぞ」

■第二のステップ　二つを一緒にする

痛みを認めた後、次にすることはやさしさをもって自分に接することだ。心の中でささやこう。「自分にやさしくしよう」「自分に少し手加減しよう」「もう少し余裕を持とう」「リラックスしろよ」あるいは「慌てるな」など。短い単語、〝そっと〟〝やさしく〟などを好む人もいる。先ほど触れたセルフ・コンパッションの研究者、クリスティーン・ネフは「自分にやさしくできますように」と言っている。ラダは単純に「やさしく」、ナタリーは「自分にやさしく接するように」、アントニオはしばらく悩んだあと「自分にもう少し手加減してやろう」を選んだ。

そして、この二つのステップを一つにし、〝痛みを認め、やさしさをもって対応する〟ために、いつでも繰り返し使えるキャッチフレーズを作る。

「これは本当に苦痛だ。自分にやさしくしよう」

「痛みに気づいたぞ。自分にやさしく接してやろう」

「悲しみがやってきたぞ。自分に厳しくするのはやめよう」

「苦痛の時間が来たな。自分にやさしくできますように」

キャッチフレーズができたら、苦痛が現れた時、やさしく穏やかで平和な言葉を使い、心の中でこれらを繰り返し言ってみよう（くれぐれもやさしさの欠如した、厳しく高圧的な言い方をしてはいけない）。目的は痛みを追い払うことではない。あなたを気遣う友人のように、自分に慰めと支えの感覚を与えることだ。

忘れないでほしい、これはいわゆる〝ポジティブ・シンキング〟の練習ではない。ネガティブな感情を追い払い、ポジティブに置き換えようとしているのではないのだ。セルフ・コンパッションをそのような目的に使っても失望するだけだ。厳しいだけで助けにならない思考や自己批判は繰り返し湧いてくるだろう（のちほどその理由を説明する）。この方法がめざすのは、自分の思考や感情をあるがままにさせながら、自分にやさしく話しかけることだ。つまり、好ましくない思考を排除しようとせず、それがあることを認め、存在することを許し、そこに新しい思考を加えて共存させるのだ。（この考えが奇妙に思えるとしても、次の二つの章を読めば理解できるだろう。）

ここであなたにやってほしいことがある。自分のキャッチフレーズを作るか、先ほど私が紹介した四つのフレーズの中から一つを選び、真のやさしさをこめて自分に言ってみよう。柔らかく穏やかな、やさしい声で。（刺々しく高圧的な、あるいは冷淡な言い方だと望む結果は得られない。）

始める前にひとつ予言しておこう。読者の九五％はこのエクササイズをすることですぐにその恩恵を受ける。だが約五％の読者はネガティブな反応を示す。何の結果も得られずに落胆するか、エクササイズによって厄介な思考や感情が起こってしまうのだ。（多くの場合は不安、自己批判、あるいは〝私はそれに値しない〟といった思考だ。）もしあなたがこの五％の一人でも心配いらない。それは問題ではない。今後の数章で、状況をずっと楽にするいくつものスキルを学ぶ。前口上はこれで終わりだ。さっそくやってみよう。

■やさしい言葉のエクササイズ

●楽な姿勢をとって、気を落ち着け、意識を研ぎ澄まそう。椅子に座っているなら少し身を乗り出し、背筋を伸ばし、肩の力を抜き、両足をやさしく床に置こう。

●次に、葛藤の原因になっているものごとを思い起こそう。起こったことを思い出し、それがあなたにどんな影響を与えているか考えよう。好ましくない思考や感情が浮かんできたらそれに気づこう。

●そして次に、やさしく穏やかな内なる声を使って、自分にそっと語りかけよう。痛みを認め、やさしさをもってそれに反応しよう。もし考えが浮かんでこないなら次のフレーズを使おう。

「この現実は苦痛だ。自分にやさしくなろう」

●ここでちょっと一休みし、何が起こるか見てみよう。

●呼吸をしたければしてみよう。非常にゆっくり、やさしく、空気を肺に吸い込み、吐き出してみよう。

●そして再び、さっきのフレーズをやさしく繰り返してみよう。

●ここで一休みし、どんな思いが起こるか見てみよう。

●もし呼吸をしたければゆっくり静かにしてみよう。

●最後にもう一度、やさしい言葉を繰り返そう。やさしさ、癒しの心をもってそれを自分に注ぎ込もう。

●ここで再び小休止し、自分の気持ちを観察しよう。

さて、何が起こっただろうか？　何も起こらなかったり、あるいは苦痛の思考や感情が湧いたりしても心配ない。私は自信を持って言う、本書を読みながらこのエクササイズを行えば必ず変化が起こる。とりあえず今は、この〝自分へのやさしい語りかけ〟が特に効果を現さないことを認めよう。だが幸い、自分にやさしくする方法は他にもたくさんある。前の章で紹介したセルフケアの行動をやってみるのもいいだろう。たとえそれを〝自動運転モード〟（訳注：自分の行動に自覚的でない状態）で行ったり、「自分をやさしくケアすべきだ」という心の声に従って義務的に行ったとしても、それはあなたの役に立つ。だが自分にやさしくしている感覚は、あまり実感できないかもしれない。しかしそれは変えることができる。大事なのは続けることだ。エクササイズをする時に、真のやさしさと気遣いをわずかでも持ち込むよう心がけてほしい。（うまくいかないかもしれないが、とにかくやってほしい。）後の章でも、苦痛に対処し、その衝撃を和らげるためのスキルをたくさん紹介する。そして、苦痛に対してこれらのスキルを使うことは、自分にやさしくする行為なのだ。

あるいは、この〝自分に語りかける〟エクササイズが自分にやさしくする感覚をもたらしてくれたかもしれない。だとしたら、それがどんなにわずかであっても素晴らしいスタートである。セルフ・コンパッションはスキルなのだ。そしてそれは他のスキルと同様、練習するほど上達する。もしやさしくする感覚が得られたなら、やさしい独り言を使って色々試してほしい。ピンとくるセリフが見つかるまで、言葉を入れ替えてみよう。そしてそのセリフを一日を通して使ってみよう。特に人生が非常に苦痛な時に。真のやさしさで自分に接した時、どんな気持ちになるか見てみよう。自分と友達になる感覚を楽しんでみよう。現実からの一撃を受けた時、〝自分へのやさしさ〟は最大の味方なのだ。

第4章　闘争を放棄せよ

シャンティは私を見つめるのが精一杯だった。彼女の声はか細く、絶望に満ちていた。「この気持ちをどうにかしたいんです！」彼女は言った。

あなたは第2章で紹介したシャンティを憶えているだろう。夫のラビは二年もの間、彼女の親友と不倫関係にあった。それがシャンティにばれると、ラビは彼女の親友とともに逃げた。どこか別の街で新生活を始めるために。情けなさと怒り、裏切られたくやしさ、不公平感、孤独感、悲しみ、不安。これらすべてが押し寄せ、さらに多くの感情が現れた。シャンティはこうした感情を追い払いたかった。痛みが好きな人はいない。誰もが痛みが消え去るのを望んでいる。だが、感情に対してどれほどのコントロールが可能だろうか？

幼児の頃、そして子供の頃、私たちは感情に支配されていた。恐れ、怒り、悲しみ、罪悪感、フラストレーション、不安、これらの感情は、子供をリモートコントロールのロボットのように支配する。怒りが湧き起こると、子供は泣き叫び、わめき、地団駄を踏む。恐れが起こると、隠れるか泣くか、逃げるかする。悲しみや失望の場合、拗ねたり泣いたり怒鳴ったりする。

幸いなことに、大人になると感情に支配される機会はずっと少なくなる。これは喜ばしいことだ。感情が私たちを支配したら大変なことになる。恐れや怒り、悲しみや罪悪感の言いなりになるとどうなるか、考えてみてほしい。子供の頃と同様にそれらに翻弄されていたら、人生はどれほど困難になるだろうか？

もちろん時には、私たちは感情に突き動かされる。カッとなったり恐れに飲み込まれたり、悲しみに圧倒されたり、罪悪感に押し潰されたり、怒りを抑えきれずに爆発させたりする。だが幸い、こうしたことは子供の頃ほど頻繁には起こらない。（少なくともほとんどの人には。）私たちが成長し、感情をコントロールする方法を学んだからである。

私たちは食べ物、音楽、テレビ、本、ゲームなどによって不快な感情から気をそらすことを知った。成長するに従い、気をそらすための手段はさらに増えた。エクササイズ、仕事、勉強、趣味、宗教、コンピュータゲーム、Ｅメール、ギャンブル、セックス、ポルノグラフィー、音楽、スポーツ、ドラッグ、アルコール、庭いじり、犬の散歩、料理、ダンスetc。

私たちはまた、それが起こりそうな状況を避けることで、不快な感情から逃れることを学んだ。困難を運んできそうな人々や場所、行動、課題から距離をとったり逃げたりするのだ。

また、私たちは、一時的に苦痛の感情から逃れることのできる思考戦略も生み出した。こうした戦略は山ほどある。たとえば以下のようなものだ。

・建設的な問題解決をおこなう
・リストを作る

・状況を別の視点から見る
・他者を責めたり批判する
・ネガティブ思考を追い払おうとする
・ポジティブ思考をする
・自分の立場をかたくなに守る
・ポジティブアファメーション（前向きな宣言）をする
・「何事にも終わりがある」「苦悩は自分を強くする」等、自己啓発的な言葉を言ってみる
・問題を矮小化したり、どうでもいいことのように扱う。あるいはジョークにしてしまう
・自分をもっと悪い状況に置かれている人と比べる

何かを体内に摂取することも、短い間苦痛から逃れるためによく行われる。チョコレート、アイスクリーム、ピザ、砂糖、お茶、コーヒー、アスピリン、パラセタモール（アセトアミノフェン、鎮痛薬）、アルコール、タバコ、麻薬、ハーブ、処方薬などなど。

だが、これらの方法で巧みに感情をコントロールしても、精神的な痛みは継続する。感情的な痛みからずっと逃れているのは不可能だ。人生でもっとも幸福だった日のことを思い出してほしい。楽しく幸福な感情が不安やフラストレーション、失望、イライラに置き換わるまでどの位かかっただろうか？　長い時間ではなかったはずだ。もっとも幸福な日でさえそうなのだ！　現実からの一撃が私たちを襲った時、これらの〝感情をコントロールする手法〟が惨めな失敗に終わ

るのは当然だ。

　つまり、人生を最大限に生きるためにはいい気分だけを追い求めず、すべての感情を体験する必要があるということだ。感情は天気のようなもので、常に移り変わる。ある時はとても心地よく、ある時はひどく不快になる。次のような考えを持って生きていこうとしたらどうなるだろう？　「人生は毎日が晴天であるべきだ。寒い日や雨の日があるのは何かが間違っているからだ」。こんな態度でいたら、現実との戦いが激しくなるばかりではないか？　「日々が晴天でないなら（幸福でないなら）、私は必要なことが行えない。なりたい自分になれない」。こう考えていたら人生はひどく狭められてしまうのではないか？

　天気に例えてみると、こうした考えがいかに馬鹿げているかが分かる。私たちは天気をコントロールできないことを知っており、そんなことは試そうともしない。変わっていく天候をそのまま受け入れ、服装を変えることで対応するだけだ。だが感情の問題になると私たちは正反対の行動をする。感情をコントロールするために全力を尽くしてしまうのだ！　もっともこれは自然なことだ。誰もがいい気分になりたい。誰も不快など好まない。先ほど挙げた方法で望まない感情を追い払おうとするのは当然なのだ。そして時にはそれがうまくいく。しかし、どれほどその状態が続くだろうか？　どのくらい、感情を遠ざけておけるだろうか？　数分か、せいぜい数時間ではないだろうか？

　人生の旅路において、私たちは多くの不快な感情を経験する。そしてそれは、ちょっとスイッチをオフにするだけで追い払えるようなものではない。また、感情をコントロールしようとする方法の多くが長い目で見ると人生のクオリティーを台無しにしてしまうことに、あなたも気づいているだろう。特に麻薬やアルコール、タバコ、チョコレートやギャンブルなどはその典型だ。だが心を開いてよく観察すると、どんな感情コントロール戦略も、かたくなに、過剰に利用すると同じ結果になることがわかる。

体のエクササイズのような健康的なものでさえ、感情をコントロールする目的で過剰に行うと問題を引き起こす。一例を挙げると、拒食症の人の一部は毎日激しいエクササイズをする。しばらくはこれで不安をコントロールでき、太ることへの恐怖が遠ざかる。だが長い目で見ると不健康なほど痩せ細ってしまう。健康と満足を目的とした適度なエクササイズとは大違いだ。

感情コントロールに挫折し失望した人々は、大抵の場合さらに努力し、感情を思い通りにしようと別の方法を探す。いつか感情を完全に支配する究極の方法が見つかることを期待する。だがそれも、結局は無駄であることがわかるだろう。

こうしたことを理解してもらうために、私は講演やセミナーをする時、子供のいる人に手を挙げてもらう。大体いつも、参加者の四分の三くらいである。私は言う。「子供を持ったことであなたの人生はすごく豊かになり、愛、喜び、優しさなど、それまで想像もできなかったような人生最高の感情を味わったでしょう。でも、あなたが得た感情はそれだけですか？」

誰もが頭を横に振って言う。「ノー！」

「子供たちはあなたにどんな感情をもたらしましたか？」私は尋ねる。

さまざまな反応が騒音のごとく湧き起こる。恐れ、怒り、疲弊、心配、罪悪感、悲しみ、苦痛、フラストレーション、拒否、退屈、憤怒、そしてこれらはほんの一部に過ぎない。

　もうお分かりだろう、人生を豊かで意義深いものにする物事は、喜びから苦痛まで、様々な感情ももたらすのだ。（これは子供だけではなく恋愛関係においても当てはまる。哲学者、ジャン・ポール・サルトルが「地獄とは他人のことだ」と言ったのも納得がいく。）

　残念なことに、この事実を悟るには長い時間が必要だ。百冊ものセルフヘルプ本、二十年にもわたるセラピー、五種類もの処方薬、十二もの自己強化セミナー、何十年もの静かなる苦闘、さらには一生を通して多くの〝専門家〟にアドバイスを尋ねてまわる等を経て、人はついにシンプルな真実を知る。私たちの社会は苦痛の感情に関してあまり多くを教えてくれないという事実を。私たちが成長過程で学んだ苦痛に対する対応は二つしかない。苦痛をコントロールするか、それに支配されるかだ。もし本当にこれら二つの選択肢しかないならば、私たちは常にもがき苦しむことになる。

　こうした考えに拒否反応を示すクライアントがいる。彼らは、現実からの一撃からの回復は、苦痛の思考や感情を消し去ることだと頑固に考える。それが事実であればどんなにいいか！　だが喪失感から立ち直り、傷口が回復しても困難な思考や感情、記憶は消え去らない。私たちがそれらに対する新しい反応の仕方を見つけるしかない。今までと異なる対処法、現実からの一撃のショックを弱める方法を会得すれば、それに邪魔されずに人生に集中できる。これから私たちは、痛みを感じているさなかに〝静けさの中心〟にアクセスする方法を学ぶ。感情が私たちを小突き回したり落ち込ませることなく、自由に流れていくための〝空間〟を作る方法を習得する。私はこれを〝闘争を手放す〟と呼んでいる。

■闘争は疲れる

苦痛の思考や感情への対処が〝コントロールする〟あるいは〝コントロールされる〟の二つしかないとしたら、人生はひどく困難なものになるだろう。心の中のこの空虚な戦いに大変な時間とエネルギーを費やすことになるからだ。だがそこには三つめの反応の仕方がある。それは最初の二つに比べると非常に過激な方法だ。理解するにはちょっと時間がかかるだろう。それがどういうものか見る前に、あなたにしてもらいたいことがある。

■本を使ったシンプルな実験

この実験は三段階に分かれている。そして、ただ説明を読むよりも実際やってみる方が、より大きな結果が得られる。これは非常に大事な実験だ。次の章で学ぶスキルの下準備になるからだ。

●ステップ1：あなたの前に、あなたにとって大切な物事が並んでいるのを想像しよう。あなたの好きな人々や映画、音楽、食べ物、本、あなたが愛する活動などの喜ばしいもの。そして好ましくないもの、解決しなければならないすべての課題や問題などもある。次に、あなたが手にしているこの本は、あなたが持っているすべての苦痛な思考、気分、感情、感覚、もっとも不快な衝動や記憶でできていると考えてみよう。（ちょっと時間をとってそれらを挙げてみよう。）

●ステップ2：（首や肩、上腕などに問題を抱えている人はこのステップはやらないでほしい。代わりに心の中で想像しよう。）このパラグラフを終わりまで読んだら、本を両手で持ってみよう。本の端を軽く持ち、可能な限り自分から遠ざけてみよう。（肩を脱臼しないよう注意して！）肘をまっすぐ伸ばし、本を腕の長さまで遠ざけよう。このままの状態で一分間我慢し、どんな感じになるか見てみよう。

不快になっただろうか、それとも疲れただろうか？　この状態で一日過ごすことを想像してみよう。どんなに疲弊するだろうか？　この体勢で好きな映画やテレビを見たり、誰かと会話したり、物を食べたり、愛し合うのを想像しよう。あなたはどれほど集中を乱され、楽しみを邪魔されるだろうか？　感情をコントロールしようとするのもこれと同じなのだ。私たちは莫大なエネルギーを絞り出して感情を追い払おうとする。それは骨が折れ、集中力を削がれる上、私たちが〝今・ここ〟に在ることを妨げ、心の中の闘争に引き込む。私たちが感情をコントロールしようと躍起になると、現在に集中し人生の課題に効果的に対処するのはほとんど不可能になる。もうひとつ試してみよう。

●ステップ3：このパラグラフを最後まで読んだら（この本はあなたの思考と感情だと想像しながら）三〇秒から六〇秒間、本を自分からできる限り遠ざけてみよう。次にそれを、そっと膝の上に置いてみよう。しばらくそのままにしておこう。そして二つの動作の違いに気づいてみよう。次に、膝に本を置いたまま腕を楽にし呼吸をして、心からの好奇心を持って自分の周囲を見渡してみよう。自分の周りの見えるもの、聞こえるものに注目しよう。

本を膝に置いていると、それを腕を伸ばした状態で保持している時よりもはるかに少ない努力で、簡単に集中できることに気づいただろうか？　束縛から解放され、心との闘争を止め思考に居場所を作ってやると、自分の周囲の世界と完全につながれることが理解できただろうか？

　これは心の中の苦痛の体験に対処する方法として、今までのものとは画期的に異なるやり方だ。私はこれを〝闘争の放棄〟と呼んでいる。それは、思考や感情、記憶に心を開いて居場所を作ってやり、それらが来たい時に来て、居たいだけいて、去りたい時に去るのを許すことだ。だがそれが私たちを小突き回したり、押し流すことは許さない。また、それと戦ったり逃げたりすることにエネルギーを費やすこともしない。

　このエクササイズを行ったシャンティは言った。「でもこれはただの本ですよ。心からそんなふうに考えるなんてできない」。彼女は正しい。本を膝に置くことはたやすい。現実の思考や感情をこんなふうに扱うのははるかに難しい。では現実の世界で挑戦してみよう。

第5章　嵐が来たら

大きな喪失は大きな痛みをもたらす。大抵は悲しみと悲嘆だ。罪悪感と後悔を伴う時もある。（起こった出来事に自分が関与した場合、あるいは関与したと信じている場合、特にそうなりやすい。）加えて、大抵の場合怒りや恐れもやってくる。喪失は恐怖も運んでくるからだ。それは私たちの人生や、安全、健康、精神、幸福、愛する誰か、その他、大切にしている様々なものを脅かす。第1章で触れたように、私たちが大きな脅威に出会うと直ちに〝闘争・逃走反応〟が起こり、それが無駄だと分かった時は〝すくみ反応〟が起こる。人間の場合、闘争反応は怒りや焦燥、憤り、激怒などを生み出す。一方、逃走反応は恐れや心配、不安感やパニックなどを助長する。これらとは対照的に、〝すくみ反応〟が作り出すのは無感覚や無気力、無関心、倦怠などだ。

これだけではまだ不十分だと言わんばかりに、私たちの心はさらに火に油を注ぐ。それはあらゆる種類の不安、怒り、断定的な思考、ネガティブな考えを生み出し、かつての苦痛の記憶を蒸し返すことさえある。私たちはいとも簡単にこうした思考につかまり、未来について心配し、過去を思い悩み、自分や他人を責め、自分ではどうにもできないことをあれこれ考える。

これらは不安に満ちた困難な状況ではごく普通の反応だ。現実からの一撃の直後には、何度も繰り返し起こることだ。これは〝感情の嵐〟とも言うべきものだ。困難な思考が私たちの頭の中を吹き荒れ、強い感情が体を鞭打つ。感情の嵐に押し流されると、人生が突きつける困難に対して、私たちは為すすべがなくなってしまう。

感情の嵐をどう切り抜ければよいのだろう？　現実の世界で嵐が港に停泊している船を襲った場合、船は錨を降ろす。そうしなければ船が破壊されるか流されてしまうからだ。もちろん、錨を降ろせば嵐が過ぎ去るというものではない。錨は天候をコントロールできない。だが嵐が去るまで船を安定させておくことはできる。感情に対して私たちがするのも同じことだ。私たちが学ぶのは、心の中で嵐が起こった時、錨を降ろす方法だ。

■錨を降ろす方法―ＡＣＥ：Acknowledge（認める）、Connect（つながる）、Engage（集中する）

錨を降ろすエクササイズは十秒でもよいし、十分やっても構わない。またいつでもどこでも、どんな気分の時でもやってよい。また、錨を降ろす方法は文字通り数百通りある。（新しいやり方も思いつけるだろう。）だがそれは、あくまでＡＣＥの基本に沿ったものでなければならない。

Ａ（Acknowledge）―自分の思考や感情を認める
Ｃ（Connect）―自分の体とつながる
Ｅ（Engage）―現在の行動に集中する

では詳しく見ていこう。今あなたが何を感じていても、幸福でも悲しくても、不安でも怒っていても、感情的に中立でも無感覚でも、このエクササイズを行うことは可能だ。

■ACEを練習してみよう

A．思考や感情を承認する

思考、気分、感情、記憶、感覚、衝動など、心に現れたものを、それが何であれ優しく認めてやろう。こうしたものを初めて見る、好奇心いっぱいの子供のように見つめよう。開かれた心と興味をもって、自分の内面に起こっていることを観察しよう。

体を素早くスキャンして感情と感覚を探し、現れた思考に気づこう。このエクササイズで自分の内面に現れたものを表現する時に、〝私は～に気づいている〟、〝私は～を持っている〟といった言い方が助けになる。（第3章で出てきた方法だ。）たとえば、こんなふうに自分につぶやいてみよう。「私は不安の感情に気づいている」「悲しみの感情に気づいている」、あるいは「自分が無感覚であることに気づいた」「私は恐れの思考を持っている」「強迫観念を持っていることに気づいている」「私は自分が悪人であるという思考を持っている」等。

大事なのは、思考や感情を認める時に判断を差し挟まず、争わず、また追い払おうともしないことだ。今この瞬間、それが存在していることを認めればよいのだ。

そして思考や感情を承認したら、次は……。

C．自分の体とつながる

自分の体に意識を向け、つながってみよう。自分独自の方法を見つけよう。以下のやり方のいくつか、あるいはすべてを試してみよう。

・ゆっくりと足を床に押し付ける
・ゆっくりと背中と脊柱をまっすぐにする
・ゆっくりと両手の指先同士を合わせる
・腕か首をゆっくりとストレッチするか、肩をすくめる

もし怪我や慢性的な疾病のせいで体の動きが制限される場合、体に合わせてエクササイズを調整しよう。線維筋痛症と上半身の強い痛みを抱えていたラダは、これらのエクササイズをするのを嫌がった。足を床につけることはできたが、他の動きはだめだった。そこで私たちは次のような動きを考えた。

・ゆっくり静かに息を吸って吐く
・椅子に腰掛け、体を動かして楽な姿勢をとる
・ゆっくり静かに目を端から端まで動かす
・ゆっくり静かに眉毛を上げ、下ろす

クリエイティブになろう。体とつながれる動きであれば何でもよい。エクササイズをしている間、心の中で起こっていることを避けたり逃れようとしたり、またそれらに気をとられてはいけない。もちろんそれらの思考や感情を追い払おうとするのもご法度だ。（錨は嵐を追い払えないことを思い出そう。）エクササイズの目的は思考と感情に気づくこと、それらが存在することを何度でも許してやること、同時に体とつながりそれを積極的に動かすことだ。

目的は何か？　体へのコントロール、腕や手、膝や足、顔や口を自由に動かす能力を高めることだ。思考や感情をコントロールしようとしても大抵失敗するか、新たな問題を生み出す。だが体のコントロールは違う。嵐が吹き荒れるさなかでもあなたは効果的に行動できるのだ。

さて、あなたは思考と感情を認め、受け入れた。体ともつながった。次は……。

E. 現在の行動に集中する

自分がいる場所をしっかりと自覚し、今自分がしていることに注意を向けよう。ここでも、自分のやり方を見つけよう。以下の方法をいくつか、あるいはすべて試してもよいし、独自の方法で行ってもいい。

・部屋を見回して目に入るものを五つ認識する
・聞こえる音を三つか四つ認識する

・感じる匂いや味、あるいは鼻や口の中の感覚を認識する
・今自分がしていることを認識する

最後に、今自分がしている行動にすべての集中力を向けてエクササイズを終える。

このＡＣＥのエクササイズをゆっくり三、四回やってみて、二、三分で終わるエクササイズにまとめよう。

コツを摑んでもらうために、一分から十一分までの、〝錨を降ろす〟エクササイズの無料音声をいくつか作った。私の無料Ｅブック〝The Reality Slap〟Extra Bitsからダウンロードできる。www.thehappinesstrap.com の〝Free resources〟で見つけられる。

■錨は嵐をコントロールできない

このエクササイズをやってもらうと、かならず「これは効き目がない！」という人々が出てくる。「どういうふうに効かないのですか？」と質問すると、「気分がよくなった気がしませんよ。感情を追い払うことができないんです」という答えが返ってくる。そこで私は、錨は嵐を鎮められないこと、このエクササイズは感情をコントロールする方法ではないことを説明する。

錨を降ろす目的は次のようなものだ。

・体の動きをもっとコントロールする。それによって困難な思考や感情が現れた時、より効果的な行動ができる。

・思考や感情の衝撃と影響力を減らす。私たちが自分の思考と感情に意識的に気づいていると、それらは私たちをコントロールすることができない。一方、私たちが自動運転モードにいると、思考に小突き回され、まるで操り人形になってしまう。

・心配、くよくよ、何かで頭がいっぱいになる等の思考をさえぎる。

・パートナーと喧嘩や言い争いをする、あるいは避ける、ドラッグやアルコールを使用する等の問題行動が起こった時、それを止める。

・思考や感情が私たちを現在している行為から引き離そうとする時、それに気づき再び集中する。

他にも恩恵はあるが、それは後ほど触れよう。一つはっきりさせておきたいのは、あなたは困難な思考や感情から目をそむけようとしているのではないということだ。

思い出してほしい、Ａ（Acknowledge）とは承認することだ。思考、気持ち、感情、感覚、衝動、記憶などの存在を認めるのと目をそむけるのは正反対の行為だ。こうした心の中の体験から目を逸らし、無視したり逃げたり、あるいは存在しないふりをすると、前の章で説明した、思考をコントロールするかされるかの闘争にあっという間に引き戻されてしまう。目をそむけるのは間違ったことでも悪いことでもない。だがあなたはそれがどんなものか知っており、短期の効果しかないことも分かっている。

私たちが目指すのは根本的に異なる方法、闘争を手離し、思考や感情をあるがままにさせ、いつでも自由に現れて去っていくのを許すことだ。錨を降ろして港に停泊する船を思い出そう。船は嵐を追い払おうとも、見ないふりをしようともしない。ただ錨を降ろし、嵐が来て去っていくまでじっとしているだけだ。

愛する人が死んでいく、パニックに襲われる、耐え難い孤独感に落ち込む等の最中には、錨を降ろしても苦痛はなくならない。だが衝撃が弱まることは期待できる。苦痛のパワーは弱まり、あなたに対して好き勝手をすることはなくなる。エクササイズを数分間行えば、大抵の場合落ちついた気分を体験できる。たとえ心の中の嵐が続いていても。

一方、あなたが感じているのがちょっとした悲しみや不安である場合、錨を降ろすと痛みが柔らぎ、時には消え去ることさえある。そんな時は素直に喜ぼう。だがそれは目的ではなく、あくまでボーナスであることを忘れてはいけない。苦痛の思考や感情を避けたり逃れたり、追い払ったり無視するためにこのテクニックを使うとすぐに失望し、文句を言う羽目になる。「こんなのうまくいかないよ！」

シャンティがはじめてＡＣＥをやった時は、何回か通して行うのにたっぷり五分かかった。彼女の変身ぶりには目を見張った。前屈みだった姿勢はまっすぐになり、その声は力強く、生き生きとし始めた。絶望したような表情は柔和になった。以前は床を見つめていたのに、まっすぐ私の目を見るようになった。私は言った。「雲が途切れて太陽が射してきた瞬間を見たことがあるかい？　私にはまさにそんなふうに見えたよ。ほんの五分前、君は厚い黒雲のような思考や感情の中で自分を見失っていた。この部屋から消えてしまったような感じだった。だが今、君は戻ってきたんだ」。温かな笑顔が彼女の顔に広がった。シャンティの思考と感情が消え失せたわけではなかった。（錨は嵐を追い払うことはできない。）だが、その衝撃は大幅に弱まり、彼女はカウンセリングにより集中できるようになった。

■現在に戻れ

　錨を降ろすエクササイズの目的の一つは、現在していることに集中するように自分を訓練することだ。それは、多くの人にとって一番調子のいい時でさえ難しい。まして現実からの一撃を受けた後では極めて困難だ。愛する人と一緒にいる時でさえ、現在に完全集中するのが難しかったことはないだろうか？　あなたの意識はさまよい出てしまうのではないだろうか？　ボーッとしたり居眠りをしないだろうか？　〝気もそぞろ〟、あるいは〝心ここに在らず〟といった状態ではないか？　自動運転で何かを行ったり、形式的に行動していないか？　自分が今していることから意識が外れてしまわないか？　集中できないせいで、普段はうまくできることに失敗した経験は？　完全に没入できないために、いつもは楽しい体験に満足できなかったことはないだろうか？

　人生に問題がない時でも、意識を集中し、現在に没入することは難しい。ましてや現実からの一撃を喰らうと、意識はさまよい、心のさまよいは段違いになる。そしてまた、ここでも戦うか逃げるか、固まるかの反応が果たす役割は大きい。まず闘争・逃走反応から見ていこう。

大昔、私たちの祖先は野生動物を狩りに出かけた。これはかなり危険なことだった。家の周囲の住み慣れた安全な地域から離れるほど危険は大きくなる。夜間の狩りの時など、のんびりとキャンプファイアーを眺める気にはならないだろう。たびたび起きて、狼や熊、対立する部族の存在に気を配るだろう。闘争・逃走モードがそれを命じるのだ。それは注意力を絶えず移動させるよう駆り立てる。意識を固定し集中するのが難しいのはこのためだ。〝すくみ〟モードはどうだろうか？　それは、危険が過ぎ去るまでじっとしていろ、という神経システムの要求だ。それはあなたを朦朧とさせ、意識が薄れるよう仕向け、注意を現在から引き離す。

この働きは、最も手酷い現実からの一撃のさなかでさえも、恐怖からある程度遠ざけてくれる。だが数週間、数ヶ月のうちに同じ反応が繰り返し起こり、現在に集中することが困難になる。だから私は、あなたが錨を降ろすエクササイズの基本を日々の生活に取り入れてくれるよう心から願っている。どこにいようと、何をしていようと、自分が呆然としたり気を逸らされたことに気づき、それを認め、再び現在の行動に戻れるようになってほしい。

心が私たちを現在から引き離す手段の一つに、過去に引きずりこむ、というのがある。私のクライアントの一人、アリはイラクからの難民だった。彼はサダム・フセイン政権で恐ろしい拷問を受けた過去があった。大胆にも公に政権を批判したために数ヶ月投獄され、その間看守たちから手ひどい肉体的拷問を加えられた。それから二年後、私のオフィスを訪れたアリは、この恐怖の体験のフラッシュバックに苦しんでいた。フラッシュバックとは、あまりにも現実的で生々しい記憶のことだ。それはあたかも今、ここで起こっている出来事のように感じられる。その恐ろしさは体験したことのない人には想像がつかないだろう。

　アリが私に刑務所での体験を語る時、いつもフラッシュバックが彼の心を乗っ取った。体は硬直し、目は虚ろに宙をさまよい、顔面は蒼白になった。過去に引き戻された彼は、今まさに拷問を受けているかのような反応を示した。私の役割は、彼の持つ他の問題に取り組む前に、まず現在に立ち戻る方法を教え込むことだった。

　私は一日少なくとも二十回から三十回、錨を降ろすエクササイズをやるように言った。これは多すぎるように思うかもしれないが、アリはＰＴＳＤ（心的外傷後ストレス障害）に悩まされており、予期しないフラッシュバックが繰り返し彼を襲っていた。彼はその度に過去の悪夢を追体験しなければならなかった。私は彼を〝今・現在〟に戻る達人にする必要があった。そして、あなたにもそうなってほしい。

　大きな喪失の後は苦痛な記憶が繰り返し現れる。それは起きたことそのものだったり、その原因となったこと、あるいはそれが起こる以前の日々の記憶だったりする。悲嘆に暮れている間は、もっとも美しい思い出さえも苦痛を呼び起こす。亡くなった人（あるいは別れた人）と過ごした時間、好きだった仕事、怪我や病気のせいでもうできなくなってしまった活動を思い出すたび、あらゆる苦痛の感情が押し寄せる。こうした記憶に対処する方法はあとで説明するとして、今のところは錨を降ろす方法を見ていこう。

　苦痛の記憶が現れたら、まずＡ（Acknowledge）、〝思考や感情を認める〟をやってみよう。

自分に言ってみよう。「私は記憶が現れたのに気づいている」または「苦痛の思い出が来たぞ」「今記憶がやってきた」でもよい。可能であれば記憶にもう少し詳しい名前を付けよう。「母の記憶が現れた」「葬儀の時の記憶が甦っている」「交通事故の時の記憶に気づいている」。記憶と、それに伴う苦痛の感情を認めたら、自分の体とつながり、現在の行動に意識を戻す。

アントニオにとってこのエクササイズは非常に効果的だった。彼はとりわけ、赤ん坊のソフィアがゆりかごの中で静かに冷たくなっている記憶に苦しめられていた。情景が浮かんでくると、彼はすぐに錨を降ろし自分に言った。「ソフィアの記憶がやってきたよ」。そしていつもこう付け加えた。「これは本当に辛いな。自分にもっとやさしくしてやろう」。彼はもはや記憶を追い払おうとも目を逸らそうともしなかった。ただそれを認め、そこにいるのを許してやった。同時にストレッチングをして体とつながり、自分の周りの世界に意識を戻した。しばらくすると大きな変化が現れた。記憶が起こると苦痛を感じはしたが、その衝撃は大幅に弱まっていた。

■いつでもどこでも

私たちはいつどこにいても錨を降ろすエクササイズを行うことができる。それは私たちを即座に現在に引き戻し、自分の人生、今している行動に集中させてくれる。

エクササイズをするために感情の嵐が起こるのを待つ必要はない。要は一日を通して練習することだ。思考と感情に流された時はいつでも行おう。赤信号で停止した時、テレビのコマーシャルの間、列の順番待ち、始業前のデスクにいる時間、ランチの時、朝ベッドから出てすぐ、等。

心が平静な時でも行える。少しイライラしたり落ち込んだり、心配事がある時などだ。退屈だったり落ち着かない時なども、スマホで気を紛らわすかわりにエクササイズをしよう。どんな内的体験、思考、映像、記憶、感情、感覚、衝動でも、あるいはそれらが複合したものでも練習可能だ。

錨を降ろす練習は、本書で紹介した他のエクササイズと同様好きなように作り替えが可能だ。たとえばC（Connection）の体とつながる練習の場合、直立した姿勢で体をストレッチし、その体勢を保ちながら筋肉が伸びるのを感じてみる。あるいは両方の手のひらと指を合わせて、力を入れながら腕や肩、首の筋肉が収縮するのを感じとってみる。手を椅子の肘掛けに押しつけてみるのもいい。首の後ろや頭皮を力強くマッサージする、ゆっくり静かに呼吸をするなどもよい。椅子にすわって極めてゆっくりと姿勢を変えてみて、その時体がどのように動いているかを感じてみる。部屋の中をゆっくりと見回しながら、頭や首、目の動きに気づいてみる。ヨガや太極拳、ピラティスの動きを知っていたら、一人になれる場所で試してみよう。あるいは、つま先を小刻みに動かしたり、足を踏み鳴らしたり、肩をすくめたり、親指を回したり、手でお椀の形を作ったり、お尻に力を込めたり、自分を優しく抱きしめたり、脛に手を滑らせたり、他にも動きはたくさんある。

一度体とつながったら、E（Engage）〝現在の行動に集中する〟をしてみよう。今見えるもの、聞こえるもの、触れるもの、味や匂いなどに気づき、今自分がいる場所、していることに意識を合わせ、自分の行動に再び集中するのだ。

次のような時に錨を降ろそう。

・感情の嵐が起こった時
・心配や執着、くよくよ思い悩む状態など、あなたをつかまえて人生から引き離そうとする思考プロセスを止めたい時
・現在の行動に集中するのが難しい時。ボーッとしたり眠くなったり、あるいは自動運転モードに陥ってしまう時
・怒りか恐怖につかまり闘争・逃走反応モードになった時、錨を降ろすのは心を落ち着けるためにもってこいだ。魔法のように苦痛の感情を追い払ってはくれないが、その衝撃を弱め、あなたはコントロールを取り戻せる。落ち着きを感じられなくても、落ち着いた行動はできる。
・いわゆる〝すくみ〟モード、動きが止まる、ドサリと崩れ落ちる、不振に陥る、朦朧としてすべてを投げ出してしまう（ひどい時には文字通り〝体が固まって〟動けなくなる）になった時。こんな時に錨を降ろすと〝目が覚め〟、エネルギーが満ち、現在の行動へのコントロールを取り戻し、再びそれに集中できる。

錨を降ろすとは、自分にやさしくすることだ。心の傷がもたらす反応をやさしくケアする行動だ。やさしい独り言が役立つなら、このエクササイズに取り入れるのもよい。痛みを認めたら自

分に言おう。「これはつらいね。自分を抱きしめてやろう」（自分なりのフレーズを考えよう。）

錨を降ろすやり方はたくさんある。自分に合ったやり方を編み出そう。ＡＣＥの基本に沿っているならどんなやり方もエクササイズになる。ゆっくりやっても素早くやってもよい。どんな気分の時でも、やりたいだけやってよい。これを習慣にすれば、健康と幸福の面で大きな見返りが得られる。慣れるまでしばらくかかるかもしれないが辛抱強くやってほしい。スコットランドの作家、ロバート・ルイス・スティーブンソンの言葉を憶えておこう。

「その日の収穫量ではなく、植えた種の数で日々を判断しよう」

第6章　心の霧

頭の中で響く声が聞こえるだろうか？　決してお喋りをやめない心の声が。これが聞こえるのはある種の異常だ、という考えはよくある間違いだ。誰でも心の声が聞こえるし、ほとんどの人がいくつもの声を聞いている。多くの人が心の中で〝理由や理屈の声〟〝将来を悲観する声〟〝復讐の声〟〝許しの声〟による喧々諤々の議論に引きずり込まれる。私たちは〝内なる批評家〟と呼ばれる自己批判の声についてよく知っている。（私のクライアントの女性は「内なる批評家の声を聞いたことがあるか」という質問に答えて言った。「私の心の中には批評委員会があるんですよ！」）

あれこれ思考する能力には莫大な価値があり、人生にとてつもない恩恵をもたらす。これがなければ本や映画、音楽、芸術を作ったり楽しんだりできないし、幸福な空想に浸ることもできない。未来のプランを考えたり、恋人に心を打ち明けることも不可能になってしまう。だが、それほど役に立たない思考もたくさんある。あなたの心に機器を接続し、思考を二十四時間記録し、それを紙に書き出すとしよう。次にそれを読み、現実からの一撃を受けた時の反応として役に立った思考をチェックする。書き出した思考のうち何パーセントが該当しただろうか？

ほとんどの人の場合、パーセンテージは極めて低いだろう。それはまるで、心の中に独自の心が備わっていて、それが一日中喋りたいことを喋っているようなものだ。それが役に立つかどうかなどお構いなしに。心は特に、過去の苦痛についてくよくよ考えたり、未来について思い悩んだり、現在抱えている問題に囚われたりするのが大好きだ。しかも、その言葉はほとんど役に立たないのに、心は常に、それが紡ぎ出す〝物語〟に私たちを引き込もうとする。

先に進む前に、〝物語〟の意味を明確にしておきたい。それによって気分を害する人々がいるからだ。私の言う物語とは、情報をもたらす言葉の羅列、あるいは映像のことだ。もっと一般的な言葉として〝思考〟、あるいはより専門的な〝認識〟などの用語もあるが、物語と呼んだ方が、それらをより効果的に扱うことができる。ご存知のように、心はあらゆる物語を一日中話しかけてくる。それが〝本当の物語〟であれば私たちは〝事実〟と呼ぶ。だが、物語のうち事実が占める割合はほんのわずかだ。思考とは、様々な考え、意見、判断、考え方、目的、思い込み、空想、夢想、予想や信念などであり、そのほとんどは事実とは呼べない代物だ。そして、〝物語〟という言葉はそれが間違いか、不正確か、無効かについては言及しない。それは単に思考を表現する方法、情報を伝達する言葉や映像に過ぎない。

私は本書を通して〝物語〟という言葉を頻繁に使う。もしこの言葉が嫌いなら、それに遭遇した時、頭の中で別の言葉、たとえば〝認知〟や〝思考〟に置き換えてほしい。

さて、ここでちょっと考えてほしい。あなたの心はどのくらいの頻度で、〝物語〟によって罪悪感、恐れ、怒り、不安、悲しみ、失望、絶望などを引き起こし、夜中にあなたを起こしたり、時間を無駄に使わせているだろうか？　どのくらいの頻度で非難や怒り、心配や後悔の物語にあなたを引き込むだろうか？　どのくらい頻繁に、あなたを緊張させ、疲弊させ、怒りや心配に引き込んで状況を悪くしているだろうか？

答えが〝かなり頻繁に〟であれば、あなたの心は正常だ。そう、〝正常〟なのだ。それが普通の人間の心の働きだ。東洋の哲学では、この事実は数千年前から知られていた。だが西洋では、このような心の働きは異常とされてしまったのだ。これはとても不幸なことだった。私たちは心と戦い（勝ち目はないのに）、心がいう通りに自分を厳しく批判するようになってしまったのだから。（これも虚しい行為だ。）

■なぜ心はこんな働きをするのか

こんなにもクリエイティブで革新的で役に立つ道具である〝心〟が、判断や比較、批判を好み、アラを探し、不足ばかりに注目し、いつも問題を見つけようとする傾向があるのは大いなる皮肉だ。

その理由を知るために、私たちの祖先について考えてみよう。大昔、もっとも長生きできたのは、脅威（危険な猛獣、厳しい天候、残虐な敵）をはっきりと見分けられる人々、そして未来の問題（もっと危険な猛獣、天候、敵）を予期する能力がある人々、さらにはそれらを解決する知恵を持った人々だった。いつも能天気に幸福に浸り、現状に満足し、問題をまったく認識せず未来への不安も持たない祖先は、子孫を残すまで生きることは不可能だっただろう。彼は思春期に達する前に猛獣や厳しい天候、敵によって消去されていたに違いない。

こうして私たちの心は、数えきれない世代を経て超高性能の問題解決マシーンとなり、何であろうと問題として、不十分なものとして見るようになってしまったのだ。（つまり、ネガティブな思考は心の欠陥、あるいは弱さのしるしだと主張する人々は何も分かっていないことになる。それは正常な人間の正常な心理的プロセスなのだ。）

大きな皮肉は、こうした心の働きは、私たちを困らせようとしているわけではないということだ。むしろ、人間を助けようと一所懸命なのである。私たちが欲しいものを手に入れる、あるいは望まないものを遠ざける手助けをしているつもりなのだ。いくつか例を挙げてみよう。

●最悪を予期し、心配する

心はあなたに行動の準備をさせようとしている。「気をつけろ、悪いことが起こりそうだぞ。傷つけられるかもしれないし、嫌な思いをするかもしれない。備えろ、準備しろ、自分を守れ！」

●過去の出来事をくよくよ思い悩む

心はあなたに過去の出来事から学ばせようとする。「悪い出来事が起こったぞ。ここから学ばないならまた同じことが起こるぞ。よく考えろ、何であんなことになったんだ？　もっと別のやり方はなかったのか？　ここから学べば、この次同じようなことが起こった時どうすればいいか分かるぞ」

●自己批判、自分を責める、自己を評価する

心はあなたを失敗や拒否、失望、壊れた関係、健康問題その他、莫大なマイナス体験から守ろうとしているのだ。心はあなたがしたことや現在していることを止めさせようと、それらを激しく批判する。それを続けていると何か悪いことが起きると信じているためだ。心は基本的に、あなたがもっと上手くやり、より良い結果を手に入れることを望んでいるのだ。心があなたを判断する時も同じ態度を貫く。〝弱い〟〝欠陥がある〟〝無価値だ〟〝自分勝手〟〝壊れている〟〝愛されない〟等々の理由で、あなたに現在の行動を変えるよう迫る。このまま続けていると何か悪いこと、拒否、失敗などが起こるぞと言い続ける。

●理由をつける

心はあなたが変われない理由、変わるべきでない理由、さらには変わってはいけないという理由を様々考え出す。変化するのは難しい、ひどい苦痛を伴う、恐ろしい、あるいは、お前には変化を起こす力がない、そんな努力は無意味だ、状況は良くならない、など。心は基本的にあなたが傷つくのを防ごうとしている。あなたが成長しようとしてコンフォートゾーンから出ると、失敗のリスクが高くなることを知っているのだ。そしてそれは苦痛につながる。ここでも心はあなたを苦痛や悪い結果から守ろうとしているのだ。

●絶望、無力感、虚無感

心は、何かを向上させる努力など無意味だ、なぜなら人生そのものが無意味だからだと主張する。あきらめてしまえ、あれこれ気にかけるのはやめろ、人生に意味なんてないんだ。ここでも心はあなたを苦痛から救おうとしているのだ。あなたが人生など無駄で無意味で無価値だ、という考えを受け入れて何一つ気にかけなくなったら、目的を持っていた時に感じていた苦悩、拒否や喪失、失敗の痛み、コンフォートゾーンから出る時の不安や恐怖、うまくいかなかった時に感じるフラストレーションや失望は消え失せる。心が送るメッセージは「もっと傷つくだけだからやめておけ」なのだ。

●自殺願望

これも心があなたを苦悩から救おうとする手段だ。人生は耐え難いほど苦痛だ。心は、自殺すれば苦悩は止まる、と考える。（自殺願望は強い現実からの一撃の後にはよく起こる。だが本書は自殺についての対処には触れない。そのような場合はすぐに専門家に相談してほしい。）

●誰かを責める、復讐する、恨む

心は、他者による不公平で不当な扱いから常にあなたを守ろうとしている。そして他人による誤った行動を指摘したり、彼らを罰する方法を考えたりもする。その目的は、あなたが過去の出来事から学び、将来もっとうまく対処できるようにすることだ。

●自己不信、不安感

現実からの手ひどい一撃を受けた後は、強い自己不信や不安を感じることが多い。それは疑い、優柔不断、自信の欠如として現れるかもしれない。「今のやり方でよいのか？　正しい決断をしているか？　正しいことをしているか？　それともこのやり方ではまずいのか？」「これは私の手に負えるだろうか？　私にできるだろうか？」繰り返すが、心はあなたを守ろうとしているのだ。「気をつけろ、用心しろ、ここは未知の世界だ。ここには別のルールがあるぞ、傷つくかもしれないぞ」。これらは問いの形を取ることもある。「私って何なのだろう？」これは大きな喪失の後にはよくあるパターンだ。「私から仕事を取ったらどんな価値がある？」「パートナーがいない自分なんて何の意味がある？」「健康でない自分に価値なんてあるのだろうか？」「両親のいない自分にどんな意味があるのだろう？」「子供のいない自分なんて、存在価値があるんだろうか？」心の目的は、喪失を体験したあなたが、改めてどんな人間になりたいのか、どんな価値を持ちたいか、何を心の支えにしたいか考える手助けをすることだ。（これらの質問は、本書の第2部〝人生を立て直す〟の部分で掘り下げる。）

●傷つきやすさ

時折、傷つきやすさが高まることもある。かつてのような強さや揺るぎない自信を感じることができなくなる。世界が安全な場所だと感じられなくなる。人生は予想のつかないものだと思えてくる。良い人々ほど悪いことに見舞われると思う。もはや自分を、他者を、宇宙を全面的に信頼できなくなる。こうした思考や感情は、心が私たちに忘れられがちな真実を思い出させようとして起こすものだ。「私たち誰もが、例外なく脆弱だ」。心は私たちに、もっと自分を気にかけろ、と主張する。セルフケアを実践し、感情や肉体、精神、魂の健康に関心を向け、愛する人々をもっとケアしろ、と迫る。

●不吉な予感、運命や死に対する不安

現実からの一撃が死に関連するものであったり、それを身近に感じるものだった場合、多くの人は不吉な予感や運命を感じたり、誰ひとり死から逃れられないという事実をあらためて強く意識する。これも、「人生は貴重なもので、残り時間がどのくらいかは誰にも分からない。だからいつも最善を尽くせ」という事実を思い出させようという心の働きだ。なので私たちはそれを自分の人生に活かさなければならない。（これについては第3部の〝人生に再点火する〟で見ていく。）

さて、この辺で止めておこう。あなたはもう理解したと思う。どんなに助けにならない心の働きも、基本あなたを痛みから遠ざけ、欲しいものを手に入れ、導くためのものなのだ。〝度を越してお節介な友人〟を持ったことはないだろうか？　あなたを助けようという意思が強すぎるあまり、しまいにはうざったく思えてしまう。今まで挙げたような物語を心が紡ぎ出す時は、〝お

節介な友人〟を思い出してみよう。彼はあなたを助けようと一所懸命なのだ。やり方はまったく的外れだが。

■戦いを止める

多くの心理学の方法論が、こうした心の声と戦うことを勧めている。声に挑戦し、反論し、ネガティブ思考を無効化しポジティブ思考に置き換えよ、という。これはなかなか魅力的な提案だ。〝悪い〟思考を踏みつけ、良い思考に入れ換えるというのは、私たちの常識に訴える考え方だ。問題は、私たちが思考と戦っても勝ち目はないということだ。なぜか？　〝ネガティブ思考〟は無限に存在し、いまだかつてそれらを完全に消し去る方法を見つけた人間はいないからだ。

心のトレーニングにおいてはオリンピックのアスリート並の存在である禅の僧侶は、これについて熟知している。古くから知られる逸話にこんなものがある。ある熱心な僧が和尚に質問した。「もっとも偉大な導師はどうやったら見つかりますか？」和尚は答えた。「すべての否定的な考えを追い払った、という人物をさがせ。見つけたら、彼が偉大な導師ではないことが分かるだろう！」もっとポジティブに考えることはできる。だが苦痛の思考や役に立たない物語が現れるのを止めることはできない。なぜか？　ポジティブに考えることは新しい言語を学ぶようなものだからだ。ハンガリー語を学んだからといって英語を忘れることはない。

ネガティブ思考を扱う方法がそれと戦うことだけだとしたら、ネガティブ思考が事実かどうか言い争うか、否定するか、それを追いやり、抑圧し、見ないふりをするか、もっと多くのポジティブ思考で圧倒することしかないとしたら、私たちは不必要に苦しむだけだろう。なぜなら、このような、〝常識〟とされている対処法は、莫大な時間と努力とエネルギーを必要とするからだ。また、長い目で見るとほとんどの人には役に立たない。大抵の場合、思考はしばらく消えるものの、映画のゾンビのようにすぐに戻ってくるからだ。

■どんよりした霧

〝思考に囚われる〟という人間の特質を表現する言い方はたくさんある。「彼は数百万マイルの彼方にいる（心ここにあらずである）」「彼女の頭は雲の中だ（ボーッとしている）」「彼は思考の中で迷っている」などの様々な比喩、さらに、心配する、反芻する、過去を思い悩む、イライラする、取りつかれる、気を取られる、などの言葉も使われる。

とてつもない価値を持つ、思考を生み出す人間独自の能力は、同時に私たちをくすんだ霧の中に置き去りにし、思考の中で迷った私たちは人生の時間を無駄にする。

もちろんどんよりした霧や煙は必ずしも悪いものではない。お香の煙はとても心地よくリラックスさせてくれる。たき火が作り出す煙は最高に楽しい。だが霧や煙があまりに濃くなってきたらどうだろう？　あなたは咳き込み、鼻水が出て、目から涙が流れるだろう。そんな中で長いこと呼吸していたら肺にダメージを与えてしまう。確かに、思考に浸り切るのが価値ある時間となることもある。ビーチでボーッとする。心の中でスピーチのリハーサルをする、プロジェクトのための新しいアイデアを考える。だがほとんどの人はバランスが偏っている。私たちは心の中であまりに長い時間を過ごし、深い〝心の霧〟をさまようことに費やしてしまうのだ。

そして、霧を深くする最大の原因が現実からの一撃だ。私たちが望む世界と実際に突きつけられた現実の落差が激しいほど、心の抵抗も強くなる。抵抗の仕方は様々だ。否認（こんなことあり得ない！）から怒り（こんなこと起こってはならない！）、絶望（もうどうにもならない、二度と立ち直れないだろう）。心はあまりの不公平さに頭を抱える。あるいは他人の人生と自分のを比べて見劣りがすると考える、最悪の未来のシナリオをこれでもかというくらい思いつく。心は堂々巡りを繰り返し、何とか理由を見つけようとする。「なぜ私が？」「どうして今のタイミングで？」「何でこんなことが起こるんだ？」「善良な人間に悪いことが起こるのはなぜなんだ？」「私が何をしたっていうんだ？」「人生なんてクソだ！」「こんなこと耐えられない」「僕は弱すぎる」「私は悪い人間だ」「なかなか立ち直れないよ」「人生は厳しすぎる」「俺が悪いんだ」「彼らが悪いんだ」「あいつらを信頼してはいけない」その他、何千という似たような批判のコメントが生みだされる。

そして、繰り返しになるが、こうした思考パターンは極めてノーマルなのだ。ただ役には立たないが。これらの思考に捕まると、現実との戦いはさらに激しくなり、苦痛はさらに強まる。

先に進む前にひとつはっきりさせておきたい。私たちの思考が問題なのではない。〝心の霧〟を生み出すのは思考ではなく、思考に対する私たちの反応なのだ。これを理解するために、ちょっと考えてみたいことがある。

■思考とは何か？

思考はある意味、頭の中の言葉と映像である。私の言葉を鵜呑みにせず、自分で試してみよう。本をわきに置き、一分間目を閉じて自分の思考に注目しよう。それはどこにあるのか、動いているのか止まっているのか、映像なのか、それとも言葉や音なのか。（これを試すと心が急にシャイになることがある。思考が消えてしまい、現れることを拒否する。もしそうなったら、空っぽの空間と頭の中の静寂に注目しながら辛抱強く待とう。しばらくすれば心は再び始動する。それが〝何の思考も浮かばなかった〟という言葉だったとしても！）

あなたは何に気づいたろうか？　最初は何も浮かばなかったとしても、何もない空間と静寂だけは感じられただろう。そしてやがて何らかの思考が浮かんできたはずだ。その思考は恐らく、見える、感じられる、聞こえる言葉か映像、あるいはその両方だったのではないか。（体に何らかの感じ、感覚が現れても、それはあくまで感覚に過ぎない。それらを思考と勘違いしてはいけない。）

こうした言葉や映像が自由に現れ消えることを許し、知覚をよぎる鳥のように扱うと、それらが問題を引き起こすことはない。だがそれにしがみつくと、直ちに霧に変化する。そして私たちは人生の外に引きずり出されてしまうのだ。

どんよりとした霧の中で迷うと物事の細部がはっきりしなくなり、人生の豊かさは失われる。霧のせいでその醍醐味を味わえないのだ。霧の向こう側に素晴らしいショーが繰り広げられていても、それを見る術はない。霧に捕まったことがある人なら、それを突き崩すのがいかに難しいか知っているだろう。人生を豊かにするあらゆるチャンスに囲まれていても、それがまったく見えないのだ。

■思考から逃れる

心の霧には様々なタイプがあり、囚われてしまうと物事がうまくいかなくなる。自分が進む方向を正確に見極め、障害を乗り越えるのが極めて難しくなる。ＡＣＴではこの状態を隠喩的に〝(思考に)つかまる(囚われる)〟と表現する。思考が私たちを捕まえると、私たちを支配しようとする。針にかかった魚のように私たちを引き寄せ、操り人形のように小突き回す。思考に捕えられると、それが及ぼす衝撃は莫大になる。それは従わなければならない命令か、何としても避けるべき恐怖、消し去らなければいけない障害、あるいは目をそらすことができない最重要事項になってしまう。

　だが、思考から逃れるとそのパワーは失われる。〝逃れる〟とは、思考から距離をとり、その真の姿、それが単なる言葉と映像の構成物であると知ることだ。思考から逃れれば支配されることはない。それに従ったり注目したりする必要はない。思考を追い払う必要もない。その真の姿を見るだけでよいのだ。それが単なる言葉と映像であることが分かり、いつでも好きなように出入りするのを許せるようになるだろう。

　思考が役に立つものである場合、つまり私たちにやさしく接し、理想の自分になる手助けをし、人生を豊かにするための効果的な計画や行動をサポートしてくれる場合は、思考を大いに利用しよう。思考にコントロールされ、小突き回され、支配されるのではなく、それをガイドとして使うのだ。

こうした態度で思考に接すると、それが事実であるかどうか気にすることは少なくなる。気にかけるべきなのは、それが役に立つかどうかだ。その思考に注意を奪われ行動を支配させたら、現実からの一撃に対処する助けになるだろうか？ その思考をガイドとして使ったら効果的な行動ができ、なりたい自分になれるだろうか？ それともまったく逆の結果になるだろうか？

ラダは線維筋痛症が引き起こす全ての問題に完全に捕まっており、彼女の心は自己批判をしつこく繰り返していた。「私って何て惨めなの、ダンスも料理も、人とのつきあいもできない。まったくの役立たずだ」。以前彼女を診ていたセラピストは、こうした思考に異議を唱え、それを否定する証拠を挙げてポジティブ思考に置き換えようとした。これは何の助けにもならなかった。私は言った。

「あなたの心はあなたを苦しめるのが好きなんですね？」

「でも実際私はそうなんです」彼女は言った。「見てください。私がどんなに惨めか」

「心があなたを痛めつけて、それがあなたの現状を良い方向に変えますか？」

彼女は少し考えてから静かに言った。「いいえ」。

「では、あなたの思考が事実か否かについて議論するのは金輪際やめましょう。厳しい自己批判がふさわしいかどうかも。代わりに、A．これらの思考は繰り返し現れる、B．それに捕まると人生はより困難になる、という事実を認めましょう」

「分かりました」
「素晴らしい。ではこれらの現状を踏まえて、思考から逃れる方法を考えてみましょう。まず、思考が事実かどうか考えるのはやめて、それから自由になる方法を学びましょう」

もちろん、思考が助けになるものであればそれをうまく利用すればいい。（これについては本書の第2部〝人生を立て直す〟のところで詳しく説明する。）だが役に立たないなら、思考から逃れるのが最善の方法だ。家の前を通り過ぎる車のように、思考を自由に行き来させるのだ。

今あなたが道路の近くにいるなら、耳を澄まして車の音を聞いてみよう。交通量が非常に多い時もあれば、ほとんどない時もある。もし私たちが車の行き来を止めようとしたらどうなるだろう？　そもそもそれは可能だろうか？　魔法のように車を追い払えるものだろうか？　それとも、車に腹を立てたらどうなるだろうか？　道路をうろうろしながら罵声を投げかけたら？　車と共存していく上で助けになるだろうか？　それより車は通るに任せ、もっと有意義なことにエネルギーを使ったほうが得策ではないか？

うるさい音を立てるポンコツ車がゆっくりと家の前を通り過ぎていくとしよう。エンジンは唸り、バックファイアが鳴り響き、けたたましい音楽をかけている。窓から外を覗くと、錆と落書きだらけの車内では数人の若者が歌をがなり、馬鹿騒ぎをし、卑猥な言葉を叫んでいる。一番良い対応は何か？　外に飛び出して車に向かって叫ぶ？「消えろ。ここはお前らのいるところじゃない！」一晩中通りを行ったり来たりして警戒しながら奴らが戻ってこないように見張る？

家の前を走るのは綺麗な車だけにして、あんな車は近づけないでくださいと天に祈る？
一番簡単なのは、好きなように行き来させることだ。それが現れたことを認め、通り過ぎていくのを許すことだ。そしてこれができるようになるためには……。

■シンプルな三つのステップ

この実験は、第4章で試した〝本を遠ざけるエクササイズ〟に非常に似ている。だが一つ大きな違いがある。なので是非飛ばさずに、トライしてほしい。

●ステップ1

目の前に、あなたの人生で重要なものすべてがあると想像してほしい。愛する人々、大好きな映画、音楽、食べ物、本、好きな活動などの素晴らしいもの。好ましくないものもある。解決しなければならない困難や問題など。そしてあなたの手には、もっとも困難な思考と記憶でできた本がある。（本の名前を考えてみよう。）

●ステップ2

この段落を読み終わったら、本を開いたまま縁をしっかり握ろう。開いた本の縁を摑んだまま顔の前に掲げ、次に鼻と触れ合うくらいに顔に近づける。本があなたの顔を覆い、視界を完全に遮ってしまうまで。その状態のままで二十秒ほど、その体験を味わおう。

何か発見があっただろうか？　あなたが思考や記憶に完全に捕まった時、人生の大切なものから遮断されたような気がしなかっただろうか？　まるで思考がすべてを支配しているように感じたのではないか？

これが思考と記憶に囚われた状態だ。私たちはその中でさまよい、頭はそれで一杯になり、圧倒されてしまう。思考と記憶は私たちの経験を支配し、人生に集中してその素晴らしさ、楽しさを味わうことを困難にする。また、問題や課題に効果的に取り組むことが難しくなる。

●ステップ3

この段落を読み終わったら、本をそっと膝に置き、二十秒そのままにする。（ここでも本を思考・記憶に見立てる。）本を置いたまま腕を伸ばして深く呼吸する。そして完全なる好奇心をもって自分の周りのものをくまなく観察し、見えるもの、聞こえる音に気づく。

本を膝に置いた状態だとはるかに集中しやすくなることに気づいただろうか？　自分を取り巻く世界に集中することがずっと簡単になったのではないか？　もちろん、本を思考に見立てて行うのは簡単だが、本当の思考を相手にするのはもっと難しい。次の章では現実の世界で試してみよう！

第7章　思考に気づき、名前をつけよう

　本物の霧の中を歩いた経験があるだろうか？　霧の中を手探りで歩いている時、私たちは自分の行動を自覚している。呼吸が苦しい。視界が悪い。歩きづらい。だが心の霧の場合、普通は迷ったことにさえ気づかない。そして時には何時間も、心配ごとや思考の反芻、妄想に囚われる。したがって、思考から逃れることの第一歩は、自分がそれに囚われているのに気づくことだ。これはちょうど、偶然鏡に映った自分を見て驚くのに似ている。あるいは転びそうになって危なくバランスを取り戻した時、誰かと話していて相手の話をまったく聞いていなかったことに気づき、会話についていけなくなる時などもそうだ。これらはいわゆるアハ体験（突然何かに気づくこと）の瞬間であり、そっと揺り起こされ、ハッと目覚める感覚だ。

　これを一日に何度も練習することをお勧めする。心の霧がいつ、どんな場合に現れるかに注意しよう。それは車の中か、自転車に乗っている時だろうか？　家にいる時、ベッドの中、夕食の時、子供と遊んでいる時、シャワーを浴びている時、パートナーと喋っている時、犬の散歩の時だろうか？　何が霧を引き起こす原因になったのか思い出そう。誰かと言い争ったこと、拒否されたこと、失敗、不公平な、あるいは素っ気ない行動、厳しい締め切り、素晴らしいチャンス、

誰かが見せた意味ありげな表情、挑発的な言葉、良い知らせ、悪い知らせ、特定の人物、歌、映画、写真、愛する人の名を口にしたことだろうか？

それがどんな霧だったかも確認しよう。よくあるのは心配の霧、誰かを責める霧、自分を責める霧、絶望、妄想、希望的観測の霧、問題をくよくよ考える、過去の恐怖を思い出す、未来を悲観する霧などだ。霧の種類を確認することは、次の作業、〝名前づけ〟においてとても役に立つ。

■名前づけの効用

思考から逃れる次のステップは思考や、問題を引き起こす思考プロセスに名前をつけることだ。これによって思考からある程度の距離がとれる。それはちょうど悪夢によって目が醒めるのと似ている。あなたはまず、自分が夢から醒め、ベッドルームにいることに気づく。あなたは自分の経験に名前をつける。「ただの夢だよ」。こうするとあなたの目醒めは加速する。夢はますます遠くなり、ベッドルームはますます現実となる。

ラッキーなことに、あなたはこのやり方をすでに学んでいる。第3章の〝やさしい独り言〟と、第5章の錨を降ろす時の〝承認〟のステップだ。この章での目的は、このスキルをさらに深め、パワーアップしてより使えるものにすることだ。まずはあなたが持つ強いネガティブ思考から始めよう。それは多分、「私は駄目だ」「自分なんて無価値だ」「僕は弱い」「自分は不良品だ」などの厳しい自己否定か、「自分は病気だ」「二度と回復できない」「これ以上前に進めない」等の恐ろしげな考えかもしれない。

■思考に名前をつけるエクササイズ

思考を選んだら、エクササイズの準備は整った。

●ステップ1：思考を自分に向けて言い、それに囚われてみよう。可能な限り強く信じてみよう。

●ステップ2：思考に囚われた感覚がきたら、それに気づいて名前をつけよう。以下は五つの名づけのテクニックだ。全部やってみて一番合うものを見つけてほしい。

・私は〜という思考を持っている
・私は〜という思考が現れたのに気づいた
・心が〜と言っている
・心が〜と言っているのに気づいた
・私は〜という思考を持っていることに気づいた

読み進める前に、今すぐやってほしい。たとえばあなたの心が「お前は役立たずだ」と言い続けているなら、まずそれにつかまってみよう。自分に言ってみよう。「私は役立たずだ」そして数秒したらその思考につかまり、釣り上げられてみよう。思考に囚われたら、自分に言おう。「私は〝自分が役立たずだ〟という思考を持っている」。少なくとも二つか三つの思考で、二つか三つの名前づけのテクニックを使い、結果を見てみよう。

うまくいっただろうか。思考に気づき、それに名前をつけると、多少はそこから逃れられる。しかし、思考が消え去るわけではない。時にはそういうこともあるが、そうならないこともある。また、気分が良くなることもあれば、良くならないこともある。このエクササイズは望まない思考を追い払ったり、気分をコントロールするためのものではない。そうした目的のために使ってもやがては失望し、フラストレーションを感じるだろう。これは思考のパワーを弱めるテクニックなのだ。これによって思考は私たちを支配できなくなり、自己破滅的な習慣に引き込んだり、今していることへの集中を邪魔することもなくなる。

こうした変化がすぐに起こらないなら、まず錨を降ろそう。そしてACE（56〜59ページ）を試み、〝承認〟を行う時に名前づけの手法を使うのだ。現れた思考を認める時に、「私は今、〝まったく希望がない〟という思考に気づいた。悲しみと絶望も感じている」と言う。次に自分の体につながり、今していることに意識を向ける。そして必要ならこれを何度も繰り返す。

■思考パターンに名前をつける

通常、私たちの頭の中には多くの思考が渦巻いており、一つ一つに名前をつけるのは大変だ。

そんな時は思考パターンに名前をつけよう。〝うまく行きそうにない〟という思考につかまった時は、〝心配〟あるいは〝最悪の予想〟と名づけよう。怒りや憤りに囚われているなら、〝非難〟〝うらみ〟でもいい。結論に到達しないまま問題をいつまでも考えている場合は、〝思い悩む〟〝反芻〟、苦痛の記憶につきまとわれるなら、〝過去に引き戻される〟がいいかもしれない。自分をひどく責めてしまう場合は〝批判〟〝自己批判〟など。どんな名前をつければいいか分からない場合は、何にでも当てはまる言葉〝思考〟にしよう。

色々試してほしい。あなたが好むのは以下のような言い回しかもしれない。「また批判の心が現れたぞ」「心配が来たぞ」「非難する心に気づいたぞ」「心が僕を過去に引き戻そうとしてるぞ」「おっと、心につかまったぞ」あるいはシンプルに「あ、つかまった」でもいいだろう。要は、心の行動をすぐに名指しできる言葉や言い回しを考えればよいのだ。やり方をまとめておこう。

・最初に、自分が囚われているのに気づく
・次に何が自分を捕えているかに気づく
・その思考パターンに名前をつける。〝おっと、心配がやってきた〟
・名前をつけたら、その真の姿に気づく。それは単なる言葉と映像による構成物である
・これらの思考を避けたり逃れようとせずに、自分が今どこにいて何をしているかに気づく

そしてその瞬間、あなたは光を感じ、霧は薄くなってずっとはっきり世界を見ることができる。すぐにそうならない場合、錨を降ろす作業を始めよう。

A（Acknowledge）―自分の思考や感情を認める

C（Connect）―自分の体とつながる

E（Engage）―現在の行動に集中する

このシンプルなエクササイズは非常に強力だ。どうすれば私たちが真の力を発揮できるか思い出させてくれるからだ。それは思考の物語が湧き上がってくるのを止めようとすることではない。思考と戦うことでもない。数歩下がってその真の姿を見極め、自分の意識を必要なものに再び振り向けることだ。

■物語に名前をつける

〝物語に名前をつける〟は、思考パターンに名前をつけることの代替手段だ。あなたが最近受けた現実からの一撃についての本を書くか、ドキュメンタリーを制作するとしよう。驚くべき巧みさで、あなたは自分のすべての苦痛の思考や感情、記憶をすべてそれに入れ込む。さて、タイトルをつけなければならない。それは〝ある〟ではじまり、最後は〝物語〟で終わる。

たとえば「ある〝人生終わった〟の物語」や「ある〝歳をとって孤独〟の物語」、「ある〝こんなこと絶対乗り越えられない〟の物語」など。

タイトルはまず、

・主な問題を要約したもので、

・それがあなたにとって大きな苦痛の源であることを認めるものでなければならない。

タイトルは問題を揶揄したり矮小化したり、馬鹿にするものであってはならない。ユーモラスであることは構わないが、からかったり貶めたり、つまらないものとして扱ってはいけない。(このテクニックをやってみて、馬鹿にされたり卑しめられた気がしたり、自分は無価値だと感じるようなら、タイトルを変えるか、このエクササイズはやめて、思考パターンに名前をつける方法に集中したほうがいい。)タイトルを思いついたら、それを名前づけに利用しよう。現実からの一撃についての思考、感情、記憶が現れたら、それに気づいて名前をつけよう。「おっと！また来たぞ、〝人生終わった〟の物語が」

数年前、中年の心理学者が私のセミナーにやってきた。名前はナオミとしておこう。午前のお茶の時間、ナオミは私に悪性の脳腫瘍を持っていることを打ち明けた。彼女は従来の医療はもちろん、多くの代替療法も試していた。(瞑想、祈り、信仰療法、クリエイティブ・ヴィジュアライゼーション、ホメオパシー、様々な食事療法、ハーブ療法、ポジティブ思考、自己催眠等。)だが残念なことに腫瘍は治療不可能で、彼女に残された時間はわずかだった。彼女は恐怖心を鎮め、残り少ない人生を有意義に過ごすために私のセミナーに参加したのだった。ナオミは、セミナーに集中し続けるのが難しいとこぼした。常に死の思考に囚われ、愛する人々のことや彼らがどう反応するかを考えてしまう。頭の中にＭＲＩの映像が現れ、腫瘍が脳に広がっていく様子が見える。麻痺状態から昏睡、そして死。病気の進行についてあれこれ考えることがやめられない。

　不治の病に侵されたら、先のことを考えておく必要がある。遺言に何を書くか、どんな葬儀を望むか、愛する人に何を伝えたいか、どんな治療を望むか等。だが自己啓発のセミナーに参加している間は、これらの思考と融合した状態でいるのは望ましくない。そこから何一つ得られなくなってしまうからだ。そこで私は思いやりを持ってナオミの話を聞き、彼女の苦痛がどれほど深いか認め、彼女の恐れに共感し、それらと向き合うのがどんなに大変かを理解した後に、彼女の物語に名前をつけることを提案した。（もし私がいきなり名前づけの話をしていたら、私が彼女の痛みと苦悩をまったく理解しようとせずに彼女を〝直し〟、〝救おうと〟しているように感じて、彼女は怒り、私を拒否していただろう。）そして彼女は〝死の恐怖の物語〟というタイトルを思いついた。

　私は、死の思考が現れた時、あるいはそれにつかまっているのに気づいた時、すぐに名前をつけるように彼女に言った。彼女は熱心に取り組んだ。そしてセミナー二日目のランチタイムには、この恐ろしい思考からかなりの程度逃れることができていた。思考の現実味が薄れたわけではない。彼女にとってそれは依然として事実だった。だがそれらは今や表を行き来する車のようなもので、彼女はセミナーに集中することができた。

場合によっては、このエクササイズに軽さとユーモアを持ち込んでも構わない。ちょっとおどけて「チッチッチッ、これはあんまりよくないな！」と言ってみたり、「また〝お前はイマイチだ〟のショーが始まったぞ」あるいは「おお、来たぞ、いつもの〝僕は弱い〟の物語が。よく知ってるよ！」（ひとつ気をつけてほしいのだが、少しでも自分を貶める感じやからかわれた感がする場合、ユーモラスな言い方はやめて〝思考パターンに名前をつける〟やり方に戻ろう。）

■心に感謝する

前に、心は〝おせっかいな友人〟のようなものだという話をした。熱心にあなたを助けようとはするが、やり方が間違っているのだと。そして、くよくよ考える、心配する、自己批判、誰かを責める、無力感などの思考も、あなたが傷ついたり損害を被ることから救おうとする心の働きだということを検証してきた。これを踏まえると、心のアドバイスに〝ありがとう心〟と言うのは悪くない考えだと分かる。思考に気づき、思考やそのパターン、物語に名前づけをした後、ひとこと付け加える。ここでも遊び心を忘れずに、たとえば「ありがとう心。君が僕を助けてくれようとしてるのは分かってるよ。でも大丈夫だ、手は打ってある。自分ひとりで何とかできるよ」。

このテクニックは万人に効くわけではない。だがほとんどの人には有効だ。（個人的には一番好きな方法の一つだ。）時にはこう尋ねる人もいる。「なんで自分の心に礼を言わなきゃいけないんです？　なんだか惨めな気分ですよ」私はこう返す。「遊び感覚で思考の衝撃を弱められるからですよ。思考を真剣に考えず、戦ったり追い払おうとしないようにするためです」。だが彼らが納得しなくても無理に説得はしない。万人に有効なテクニックは存在しないのだ。ともかくトライして、自分に合うかどうかやってみてほしい。少なくとも多少は思考から逃れられるはずだ。だが役に立たない時や、この方法がどうしても好きになれない場合はやめておこう。

■思考を中和する

思考に気づき名前をつける行為は、大抵の場合それらの影響力を弱めるのに十分だ。効果がない時でも錨を降ろすか心に感謝すればうまくいく。だが時には、私が〝中和〟と呼んでいる方法が必要になることもある。これは、思考に働きかけてその力を中和すること、思考の真の姿は単なる言葉と映像による構成物だという事実を理解することだ。具体的には、自分の思考を心の中でヒット曲に乗せて歌ってみる、違う声で言ってみる、漫画のフキダシにして描いてみる、コンピュータ画面の上に視覚化する、アニメのキャラや歴史上の人物に言わせてみる等だ。付録Aにこうしたエクササイズをたくさん掲載してある。思考から逃れるための方法がもっと必要なら、読み進める前にそれらを試してほしい。

心が物語をつぶやくのを止める術はない。しかし、心がそれを始めた時、すぐに気づくことはできる。そしてそれに対してどういう反応をするかも選択できる。助けになる物語はガイドとして使い、役に立たないものは表を走る車のように放っておこう。

第8章　思考の好きにさせておこう

　なぜ呼吸がそんなに大事なのだろう？　多くの宗教が呼吸にこだわっているのはどうしてなのか？

　旧約聖書によれば、神は土くれから男を創造し、その鼻から生命を吹き込んだという。いにしえのギリシャ神話では、プロメテウスは泥から男を創り、女神アテナが生命を吹き込んだ。〝魂〟（spirit）という言葉はラテン語のスピリタス、〝精神〟または〝息〟から来ている。同様に、ヘブル語のルア（ruah）は一般的には〝呼吸〟あるいは〝風〟だが、〝精神〟という意味もある。心理学（psychology）や精神医学（psychiatry）の語源となったギリシャ語のプシケ（psyche）には、〝精神〟〝魂〟〝息〟など様々な意味がある。また、世界的に著名な宗教、キリスト教、イスラム教、ヒンズー教、シーク教、仏教、そしてユダヤ教の瞑想的、神秘主義的な分派は、より高い悟りを開くため、あるいは聖なる体験をするために、呼吸のエクササイズを行なっている。

　これらの呼吸と精神性の強い結びつきをどう説明すればよいのだろうか？　そこにはいくつもの理由がある。一番大きいのは、呼吸と生命がはっきりとつながっていることだ。呼吸している限り、あなたは生きている。そして、人生において何かができる。もうひとつの理由は、呼吸のエクササイズは普通とても心地よく、リラックスできるものだからだ。それは私たちを内的な平和の感覚に導き、感情の嵐が吹き荒れても安全で穏やかな場所を見つける手助けをしてくれる。三つ目の理由は、呼吸が私たちを現在につなぎとめておいてくれることだ。思考や感情に完全につかまっている時でも、私たちは呼吸に意識を向け、地に足をつけ、今・ここの体験に再びつながることができる。

今から呼吸に集中するための二つのエクササイズを紹介しよう。だがその前にひとつ注意してほしい。こうしたエクササイズは多くの人に恩恵を与える。だからこそ、多くの自己啓発本が様々な形でそれを紹介しているのだ。だが、ごく少数だが呼吸に集中したりそれを変更することで好ましくない反応を起こす人々がいる。目まい、立ちくらみ、しびれ、胸苦しさ、不安など。これらは滅多に起きないが、そうなったら次のようにしてほしい。

A. この章で紹介するような、主に呼吸に集中するエクササイズは飛ばそう。

B. 呼吸が主な目的でなくても、〝息を吹き込む〟や〝ゆっくりとした呼吸をする〟等の指示があるエクササイズ（後の章で紹介する）の場合、そうした指示は無視して進めてほしい。

では、まず短めのエクササイズからやってみよう。本書を読みながらでも可能だが、まず指示を読んでから、本を脇に置いてやってみる方がいいかもしれない。

■息を吸い込み、止め、吐き出す

●ゆっくりと大きく息を吸い込み、肺が一杯になったら呼吸を止める。

●そのまま可能な限り息を止めておく。

●体の中に息を閉じ込めている間、どのように圧力が高まっていくかを観察しよう。

●胸や首、腹に起こっている変化に気づこう。

●緊張と圧力の高まり方に注意を向けよう。頭、首、肩、胸、お腹の部分の感覚がどのように変化していくか観察しよう。呼吸は止めておこう。

●そのまま止め続けよう。

●感覚がどのように変化し、不快感が高まっていくか観察しよう。息を吐き出させようとして、体はどんなふうに圧力をかけてくるだろうか。

●こういう体験を初めてする子供のように、これらの肉体感覚を観察しよう。

●そしてもう一時も止めていられない状態になったら、ゆっくりと優しく、息を吐き出す。

●息を吐きながらその体験を味わおう。吐き出すのを楽しもう。その様子を観察しよう。

●緊張がほぐれていくのに気づこう。

●肺から空気が抜け、肩の力が抜けていく様子を観察しよう。息を解き放つ気持ちよさを味わおう。

どうだろうか？　エクササイズを楽しめただろうか？　地に足をつけ、自分をしっかり保つ感覚に気づいただろうか？　穏やかな気分と静けさも。

日々の生活の中で何かにしがみつき、手放すのを拒否することがどのくらいあるだろうか？　私たちは痛みや憎しみ、不満を抱え込む。役に立たない態度や偏見も。誰かを責め、不公平を嘆く気持ちも手放さない。自分を制限する信念や、昔の失敗、苦い経験の記憶なども。私たちは、自分や世界、他者に対する非現実的な期待にもしがみつく。〝正しい〟〝間違っている〟〝公平〟〝不公平〟などの物語、現実との不毛な戦いに私たちを引き込む思考も握りしめて放さない。

残念なことに、〝手放す〟という言葉はしばしば誤解される。それは〝追い払う〟や〝厄介な思考や感情を片づける〟ことではない。それは、思考や感情を握りしめるのではなく、持つ手を緩めることなのだ。思考に囚われることなく、それが居たいだけ居て、去りたい時に去ることを許す。

〝手放す〟の本当の意味は〝あるがままにさせる（LET IT BE）、本来の姿でいることを許す〟なのだ。別の言い方をすれば、現実に抵抗せず、立ち向かい争おうとせず、そのありのままの存在を認めることだ。現実との戦いから抜け出そう。なぜなら私たちに勝ち目はないからだ。だがそれは、人生をあきらめることとは違う。本書の第2部では〝人生を立て直す〟ことに焦点を当て、効果的な行動や、人生を向上させるためにできることを探る。それは、あれこれ考えたり心配したり、思考に取りつかれたりくよくよしたり、思考や感情にがんじがらめにされたりするのはなんの役にも立たないと認めることだ。こうした思考は起こった出来事や現実を変えられない。今この瞬間の人生に集中したり、抱えている問題や課題に効果的に対応する助けにもならない。

フラストレーションや批判、判断、誰かを恨む・咎める等の気分に囚われた時、すぐに気づき、呼吸を使って〝握り締めた手を緩める〟ことができたらどうなるだろう。それは私たちの人間関係や健康、活力にどんな影響を与えるだろうか？

ではここで、別のエクササイズを紹介しよう。今のよりも少し簡単だ。

■息を吸って三つ数える

●できる限りゆっくり、深く息を吸い込もう。息を止めて三つ数えよう。そしてゆっくりゆっくり、やさしく吐き出そう。可能な限りゆっくりやさしく、息を肺の外に吐いていこう。

- 息を吐きながら肩を落とし、肩甲骨が下がっていくのを感じ取ろう。
- 息を解放する感覚を観察しよう。
- 息を吐くことの心地よさを味わおう。
- 〝手放す〟がどういうものか感じてみよう。
- もう一度やってみよう。
- ゆっくり息を吸い込み、止めて三つ数える。そしてできる限りゆっくりやさしく吐き出す。
- 息を吐きながら肩を落とす。
- 再び息を吐くことの心地よさを味わう。

●〝手放す〟がどういうものか感じてみる。

一日を通してこのエクササイズをたびたび行い、どんな効果が出るか見てほしい。特に、傷ついたり恨んだり、誰かを責めたり等の思考をがっちり握りしめて、エネルギーを消耗してしまう時などにやってみよう。まず囚われたことに気づき、名前をつけることから始めよう。「責める気持ちが来たぞ」「怒りに気づいた」、あるいは「また心が過去を悔やんでるな」等。次に息を吸い込み、止めて、吐き出そう。心の中で「手放そう」「あるがままにさせよう」などと言うと効果的だという人も多い。

パートナーと言い争ったこと、職場の上司の意地悪な一言、子供に対してキレたことへの罪悪感、自分の人生が不公平に満ちていることへの不満などを、あなたがくよくよ考えているとしよう。これらはすべて〝強く握りしめる〟行為である。

こうした思考は何の助けにもならず、ストレスを高めエネルギーを消耗させるだけだということは繰り返すまでもないだろう。自分がそれに囚われていることに気づいたら、次にやることはとてもシンプルだ。それに名前をつけ、深く息を吸い込み、止めながら三つ数え、ゆっくり〝は～き～だ～す～〟のだ。

第9章　心の中の味方

突然、暗闇からねじ曲がった腕が現れた。二本の指が失われ、残る二本と親指も切り株のように短かった。やや長い二本の指に挟んだ葉巻から煙が立ち上っていた。やがて葉巻の持ち主は暗闇からその素顔を現した。それはこぶと傷だらけの恐ろしげな顔だった。彼は聞いた。「葉巻は好きかね？」

このシーンはあなたも記憶があるかもしれない。『パピヨン』という古い映画だ。暗い壕に落ちた主人公がそこにいたハンセン病の男と出会う緊張感あふれる場面だ。子供だった私はこのシーンを見て震え上がった。私はハンセン病については知らなかったが、恐ろしいものであることは分かった。そして自分もかかるのではないかと思うと恐くてたまらなかった。それからほんの数年後、医学部に入った私は、なぜハンセン病が人間をあんなに恐ろしく変形させてしまうかを知った。それは基本的に細菌への感染であり、人間の体を大きく蝕む。一番大きな影響は、腕や足の神経への深刻なダメージである。傷ついた神経は痛みを感じることができなくなるが、そうなると大きな問題が起こる。

先の尖ったものや熱い金属に手を乗せると強烈な痛みで手を引っ込め、大怪我をせずにすむ。

だがもし痛みを感じなかったらどうなるだろう？　尖ったものやホットプレートに手足を載せておいたらどんな問題を引き起こすだろうか。ハンセン病にかかると様々な怪我が手足、指や足指に大きなダメージを与える。それは本章のテーマ、〝痛みには目的がある〟につながってくる。

私たちは本書で痛みについて多くを語ってきた。現実からの一撃がもたらす痛みを考えると、それは当然だ。ここで少し探究してみよう。なぜ私たちには苦痛の思考や感情がつきまとうのか？　ただ私たちを惨めにするためか？　そうでないなら、何か有益な目的があるのだろうか？

苦痛の思考については第6章で論じた。心配やくよくよ、自己批判などの心がもたらす痛みを考察し、それらに目的があることを見てきた。心は私たちを守り、助け、私たちに気を配っているのだ。また第1章では、神経システムがどのようにして私たちを闘争や闘争・凍結モードに追い込み、怪我や危険から守っているかを見てきた。この章では感情の三つの働きについて見ていこう。

■コミュニケーション、動機付け、啓発

私たちの感情は重要な情報を届けてくれるメッセンジャーであり、私たちを助けようとする存在だ。それには三つの目的がある。コミュニケーション、動機づけ、光を当てる（啓発する）だ。

■コミュニケーション

まずコミュニケーションから見ていこう。他人が私たちの感情を読めることは私たちにとって

も彼らにとっても好都合だ。（もちろん彼らが私たちを傷つける目的でこの情報を使うのではないことが前提だ。）それは価値あるコミュニケーションを可能にしてくれる。たとえば、

・恐れは「気をつけろ、危険が迫っているぞ！」あるいは「君は恐れているな」と伝えている。
・怒りは「これは正しくない・不公平だ」「君は僕の領域に無断侵入しているぞ」あるいは「私は自分の権利を守る」というメッセージだ。
・悲しみは「私はとても重要なものを失った」と伝えている。
・罪悪感は「私は間違ったことをしてしまった。何とか軌道修正したい」と伝えている。
・愛は「あなたに感謝します」「もっと親しくなりたい」というメッセージだ。

私たちが自分を気遣ってくれる誰かや、信用できる人々といる場合、こうしたコミュニケーションは非常に有益だ。あなたの良き友人が、恐れたり悲しんでいるあなたを見たら、やさしさをもって援助してくれるだろう。友人を傷つけたことであなたが罪悪感を持っていることを友人が知れば、関係を修復する助けになるだろう。あなたが友人のしたことで腹を立てているのを知れば、友人は非を認めて反省するだろう。〝間違ったシグナル〟を送ったり、相手が誤解したりネガティブな反応を示すこともある。完全なシステムなど存在しない。だが多くの場合、感情はコミュニケーションの手段として非常に有効だ。

■動機づけ

感情は私たちを〝動機づけて〟くれる。〝感情〟〝動機〟〝動き〟〝動く〟などの言葉は全てラテン語のmovere（動くこと）から来ている。感情は私たちに体を動かす準備をさせ、人生が向上する行動を起こさせる。

・恐れに動機づけられて、私たちは逃げ出し、隠れ、回避行動を取り、自分を守る。
・心配に動機づけられて、私たちは傷つき害を被る可能性のある物事に備える。
・怒りに動機づけられて、私たちは大切なもののために一歩も引かず戦う。
・悲しみに動機づけられて、私たちは日々の要求から逃れて歩みを緩め、リラックスし、休息をとって活力を取り戻す。
・罪悪感に動機づけられて、私たちは自分の行動を振り返り、それがどのように他者に影響しているか考え、誰かを傷つけた場合は埋め合わせをしようとする。
・愛に動機づけられて、私たちは誰かを愛し、養育し、分かち合い、気遣う。

繰り返すが、このシステムは不完全なものだ。感情は時には役に立たない局面で現れ、私たちを捕え、よくない習慣に引き込む。だが多くの場合、感情は大きな助けになる。私たちがそれと戦わなければだが。だが戦ったり逃げたりすれば自分で問題を生み出すことになる。

第4章でやった本を使ったシンプルな実験（51ページ）を憶えているだろうか？　全力で感情

を追いやろうとするのはいたずらにエネルギーを使い果たし、気を散らし、あなたを効果的な行動から遠ざけるだけだ。また、感情と戦ったり逃げたりするのも同様だ。だが次の章で学ぶ通りに感情と戦うことをやめ、それに居場所を作ってやり、自由に行き来させると、それを人生向上に役立てることができる。

■光を当てる（啓発する）

感情は私たちに何が重要かを分からせてくれ、私たちにとって大事なもの、注意を向けるべきものを教えてくれる。私たちが心の奥底でもっとも必要としているもの、ほしいものに光を当ててくれるのだ。たとえば、

- 恐れは安全と防御の重要性を教えてくれる。
- 怒りは自分の縄張りを守り、境界を防御し、自分の持ち物のために戦うことの重要性を教えてくれる。
- 悲しみは喪失の後の休息と回復の大切さを教えてくれる。
- 罪悪感は他者との接し方の大切さ、そして社会的なつながりの重要性を教えてくれる。
- 愛は人とのつながり、親密さ、絆、気遣いと分かち合いの大切さを教えてくれる。

つまり、感情には膨大な知恵があるということだ。だが感情と敵対したり目をそむけようとし

ている間はこの知恵にはアクセスできない。だが一度心を開いて居場所を作ってやると（次の章でやり方を説明する）話は違ってくる。後ほど、思考や感情からこの知恵を引き出し、人生を立て直す方法について見ていく。

さて、あなたも、感情は私たちの敵ではなく味方であることがわかってきたのではないかと思う。感情から目を背けるほど、見逃すものも多くなる。

■失うもの

「ダフィー氏は自分の肉体から少し距離を取っていた」

——ジェームズ・ジョイス『ダブリンの人びと』

私はこの一文が大好きだ。正直にいうと、私は『ダブリンの人びと』を読んだことがない。なのでなぜダフィー氏が自分の肉体から距離をとっていたのかは知らない。だが、こういう人はダフィー氏だけではないことは間違いない。誰もが時には自分の肉体から切り離される。特にひどい苦痛を感じている時には。これは確かに頷ける。巨大なホホジロザメがいるのが分かっている時は、誰も水には入らない。また、肉体が痛みの感情でいっぱいの時は、私たちはそれから距離を取る。その決断を自律神経がしてくれることもある。感情を〝遮断〟し、無感覚にする。だが通常、私たちは瞑想や薬物、アルコールなどによって自分で無感覚になろうとする。もっともよくあるのが、気をそらすことによって肉体から離れることだ。気をそらす（distraction）は二つのラテン語の単語から来ている。dis（離れて）とtrahere（引きずる）だ。〝気をそらす〟というのは、〝望まない不快なものから離れる〟という意味になる。つまり、私たちが苦痛の感情から自分の気をそらすのは、それらの居場所である体から距離をとるということになる。

だが、薬物だろうが迷走神経の働きによるものだろうが、体とのつながりを失うほど何らかの問題が起こってくる。よくあるのはひどい無気力感だ。人々がこの状態を表現する言葉は様々だ。無感覚、からっぽ、空洞、内的な死、抜け殻、ゾンビ、歩くしかばね、何も感じない、半分死んでいる、息も絶え絶え、精彩がない、など。これらは〝活力（vitality）〟とは正反対の言葉だ。Vitalityはラテン語のvita、つまり〝生命〟を意味する。それは私たちの内にある生命の力、エネルギー、原動力・情熱、人生への感謝、生命を全力で味わい、世界に参加する能力を指す。肉体は私たちを生かし、感情は私たちに生きている実感をくれる。従って、私たちが感情と切り離された時、活力を失うのは当然のことなのだ。

だが問題はそれだけではない。多くの科学的調査は、体とのつながりを失うと、先ほど触れた〝感情がもたらす知恵〟も断たれてしまい、あらゆる種類のトラブルが引き起こされることを証明している。たとえば、

・刺激や衝動をコントロールすることが難しくなり、攻撃的になったり薬物やアルコールを乱用したり、過食になったりする。
・セルフ・アウェアネス（自己意識）が低くなり、判断力も不完全になる。そのためしばしば

〝悪い決断〟をしてしまい、後悔することになる。
・他人の感情を読むことも難しくなる。それはセルフ・アウェアネスの不足と相まって、人間関係の緊張や対立を引き起こす。
・他者と親しくなるのが難しくなり、断絶と孤独が加速する。

多くの人は、感情を切り離すことの大きな副作用を知ると愕然とする。なぜこんなことが起こるのか説明しよう。

■教室の子供たちとテレビの映像

子供の頃、先生が教室から離れた時のことを憶えているだろうか？　その時何が起こっただろう？　収拾がつかない騒ぎになったのではないだろうか？　私たちの感情もこれと同じだ。意識は教師で、感情は生徒だ。私たちが感情に注意を払わなければ、それは好き放題に振る舞い、混乱と暴動を引き起こす。感情への意識が薄れるほど、それは私たちの行動を支配する。私たちを操り人形のごとく小突き回し、問題ある行動に駆り立てる。だが先生が教室に戻ってくると騒ぎは収まる。感情も、私たちが注意を向けると勢いを失い、横暴な態度も影をひそめる。

教室を離れている間、先生は生徒の行動についてまったく知らない。感情を切り離した時の私たちもこれと同じ状態だ。私たちはこれを〝セルフ・アウェアネス（自己意識）の不足〟と呼ぶ。近しい人にこう言われたことはないだろうか？・「機嫌が悪そうだね」「なんでそんなにピリピリしてるの？」「元気ないね」「大丈夫かい？」そう言われてあなたは驚いただろうか？「いや、そんなことはないよ」「大丈夫だよ！」と言い返したのではないか？　あるいは、突然理由もなく声を荒らげたり、怒りっぽくなって、自分でも驚いたことはないだろうか？　特に訳もなく過食や過度の飲酒をしたり、いつも泣いていたり等。自分の決断を、後になって〝馬鹿げたこと〟だと後悔し、何であんなことをしたのかと嘆いたりしたことは？　これらのよくある話はすべて感情への認識が足りないことが原因だ。

毎日生活し、他者と触れ合いながら、私たちの体は起こったことに応じた感情を生み出している。そしてこれらの感情は、いつでもアクセスできる情報の金鉱なのだ。別の例えで考えてみよう。音を絞って映画を見たことがあるだろうか？（ないという人は今ちょっとやってみてほしい。）映画の面白さがどれほど損なわれただろうか？　映像は素晴らしい。だが音楽も会話も効果音もなしでは、楽しみはまるで伝わらない。何が起こっているかはある程度理解できる。だが音なしでは満足度は非常に低い上、ストーリーを誤解したり、分からなくなることもしばしばだ。私たちが感情と切り離された状態で他者と関わる時もこれと同じことが起こる。他人を誤解してしまうために他者との関係は損なわれる。彼らの考えを読み違え、感情を読み違え、彼らが望むもの、望まないものが理解できず、また自分の言葉や行動が彼らにどんな影響を与えているのかも分からなくなる。

最後に、愛と親密さについても考えてみよう。愛と気遣いのある関係が生み出す親密なつながりは、楽しい感情を呼び起こす。だが体の感覚から切り離されるとそれも楽しめなくなる。かわりに感じるのは無感覚と空虚さだ。それは親密なつながりを不快な経験に変え、断絶と孤独を助長し、ついには親密さを避けるようになる。

体から距離を取るほど感情とのつながりも薄れ、とても不利な状況に追い込まれる。そうなると現実からの一撃が引き起こす問題は溜まっていくばかりだ。「肉体感覚を取り戻すと、健康面でも生活面でも大きな恩恵を及ぼす（そしてトラウマからの回復にも重要な役割を果たす）」という研究結果は驚くには当たらない。〝錨を下ろす〟時、〝感情を認めて体とつながる〟ことを繰り返すのはこのためだ。体を動かし、ストレッチし、呼吸し、姿勢を変える――これらはすべて、一日を通して体とつながるためのシンプルな習慣だ。（だがこれらはスタートに過ぎない。本書の後半ではもう少し掘り下げる。）

■心と体

つまり、あなたの心と体が苦痛の思考や感情を生み出すのは、あなたを助けるためなのだ。それらが作り出す不快感、苦痛の思考、闘争・逃走反応、苦痛の感情、無感覚と空虚な感覚は、結局一つの目的から来ている。それらはあなたを守り、あなたが傷つき損なわれるのを避けるための心と体の働きなのだ。

「大変結構な話だ」あなたは思うだろう。「だけど、それにしてもそういう感情は好きじゃないよ」。私も同意見だ。苦痛と不快感が好きな人はいない。誰もそんなものは望まないし選ばない。あなたが現実から一発食らわされると、心と体は一番良いと思っている反応をする。これらの苦痛はあなたが望んだものではなく、人生がもたらしたものだ。それはとても苦しい。そして人生が苦痛に満ちている時こそ、優しさが求められる。感情から逃げることは自分をいたわる行動ではない。長い目で見ると多くの問題を生み出すからだ。必要なのは今までとは根本的に異なる、苦痛の感情に対する反応だ。これについては次の章で詳しく説明する。

　さて、この章を読んだあなたは、自分の感情に対し違った見方をするようになったと思う。感情に気づき、名前をつけることを今後も続けてほしい。「悲しみが来たぞ」「怒りに気づいたよ」「罪悪感を感じているな」等。そして、完全に理解できなくても、理由があって思考・感情が働いているということを認めてほしい。自分に「これらの感情は私を困らせようとしてるんじゃない。助けようとしているんだ」と言ってみるのもいい。

第10章　興味津々のまなざし

　あなたは吐き気に襲われている。視界はぼやけて靄がかかり、数秒後完全に真っ暗になる。のどはあっという間に麻痺し、喋ることも飲み込むこともできない。二、三分で麻痺は全身に広がり、呼吸もできなくなる。テニスボールほどの大きさもないヒョウモンダコの、鳥のくちばしのような口に噛まれると、こうして人生を終えなければならない。

　私の良き友人、パディー・スプルースはこう質問するのが好きだった。「泳いでいるときにヒョウモンダコに出会ったら、君はそれをつかむかい？　それとも追い払う？　それとも無視するか、観察するかい？」私たちは四つのうちどれでも選択できる。だが最初の二つは致命的だ。ヒョウモンダコは攻撃的な生き物ではないが、つかもうとしたり追い払おうとすると噛みついてくる。（ヒョウモンダコは攻撃する前に青い輪を光らせる。）三つ目の選択、〝無視する〟は、猛毒を持つことを知っているからにはとても難しいだろう。また、タコの居場所に注意を払わなければ、近くに泳いでいってしまうかもしれない。

　つまり、最後の選択、〝観察する〟が間違いなく最良のチョイスということになる。「ちょっと待ってくれ」あなたは言うかもしれない。「もうひとつ方法があるだろう。そこから泳ぎ去るという」。その通りだ。だが、ヒョウモンダコは広いところで泳ぐよりも岩の下に隠れていることを好む。なので、あなたがじっと観察していればタコはすぐに行き過ぎ、あなたに害を及ぼさない。それに、そこから泳ぎ去ることを選択したとしても、タコをつかんだり脅かしたりしなければ安全だと知っていれば、少し観察してみたくならないだろうか？

この小さな生き物は、苦痛の感情についてのよい例えとなる。それにしがみついたり追い払おうとしたり、無視したりすれば、結果は惨憺たるものになる。だが多くの人は、自分の感情をヒョウモンダコのような危険物として扱ってしまう。それを追い払うか避けようとするのだ。それが近くにいる間は安心していられない。私たちは何とか追い払う方法を考える。だがこの対応は私たちのエネルギーを奪い、活力を失わせる。しかし実は、そんな必要はないのだ。なぜか？感情はタコと違って危険ではないからだ。動かないで、好奇心を持ってじっと観察していれば、それは私たちに害をなすことはない。そしてヒョウモンダコと同様、やがて去っていく。

あなたが海洋生物学者で、ヒョウモンダコの自然の生態を観察するために大金を払ったとしよう。絶対安全な環境下で、あなたは興奮しながらこの生物を観察する。その動き一つ一つを興味深く観察する。そしてそのリズミカルな動き、その表面の美しい色と模様に気づく。やがてこの大自然の素晴らしい創造物に敬意を払い始める。感情のもつ衝撃を和らげるのは、このような心を開いた、好奇心一杯の観察なのだ。

つまり、痛みの感情が起こった時、私たちはそれに取り込まれる必要も、戦うか逃げるかする必要もない。それを観察し、居場所を与えてやり、居たいだけ居させてやり、去りたい時に去らせればよいのだ。このことに関して、心が何か都合の悪いこと——反対、脅し、不安、判断、その他、何らかの抵抗を口にしても、好きなように言わせておき先に進もう。

■気分、感情、感覚

多くの人々が、気分、感情、感覚の違いについて理解していない。ここではっきりさせておこう。一番分かりにくいのは〝気分〟だ。あまりに多くの意味で使われるからだ。それは一般に、感情の別の言い方として使われる。例えば、悲しい気分、怒りの気分等。（本書ではこの使い方が一番多い。）生理的な状態を表すこともある。喉が渇いた気分、空腹の気分、気分が悪い、疲れた気分、などだ。一番多いのは、〝感覚〟の同義語として体に生じるあらゆる感じを指すこと、心配事がある時の〝胸苦しさ〟、指で熱いストーブに触れてしまった時のやけど、恐怖で〝固まって〟しまった時の無感覚、などだ。

〝感情〟という言葉を明確にしにくいのは、それが何であるか、専門家の意見が完全には一致していないからだ。だがいくつかの点では同意している。ほとんどが賛成するのは、感情は私たちのコミュニケーションを助け、動機づけし、物事を明瞭にしてくれる、という点だ。また肉体レベルでは、感情は神経系の変化（脳や神経システム）、心臓血管の変化（心臓と循環器系）、ホルモンの変化（血液中の伝達物質）として現われる。こうした変化は計測機器で測れるものだが、私たちはそのように感情を経験するわけではない。心を開き興味を持って感情を観察する時、私たちが遭遇するのは思考と感覚だけである。（憶えておいてほしい、〝思考〟は頭の中にある言葉と映像だ。〝感覚〟は体の中で感じるものである。）

これを実感する一番よい方法は自分で試してみることだ。好奇心をもって自分の感情を観察してみよう。すると、感覚でできている感情と、言葉と映像でできている感情があることに気づくだろう。というよりむしろ、それは感情と言葉、映像が複雑に混じり合った多層の織物と言うべきかも知れない。そしてあなたは特定の思考や感情に焦点を当てたり、少し離れて全体像を眺めたりできるのだ。

更に明確にするために、あなたのお気に入りの映画を考えてみよう。映画の中の一秒間だけを見たとして、あなたが経験するのは音と映像だけだ。その音や映像は、それだけでは映画とは呼べない。映画とは〝音と映像〟である、と言うことはできない。だが実際のところ、どんな映画のどの一秒をとってみても、あなたが経験するのは音と映像なのだ。感情も同じように考えることができる。それはとんでもなく多くの複雑に織りなされた感覚と思考でできた、豊かで感動的な創造物だ。

通常は目を背けてしまうような、恐ろしい、不快で苦痛な思考や気分に注意を向ける時、好奇心をもってそれらを真剣に見据えた時、たいてい何かしら役に立つ発見がある。まず、それは思っていたほど大きなものではないこと、居場所を作ってやれることなどだ。また、それは不快ではあっても私たちを傷つける力はなく、私たちを身震いさせることはできても手足をコントロールすることはできないこと、私たちはそれらを恐れて逃げたり抵抗したり闘う必要もないことが分かる。このことを理解すると、気分をコントロールすることに使っていた時間とエネルギーを、人生をよりよくするために振り向けることができる。

苦痛な気分が起こった時、私たちは興味をもって見つめたりしない。近づいて、何でできているかを調べようともしない。それから何かを学ぼうという気持ちもない。思考・感情を知りたいとはこれっぽっちも思わず、ただひたすら目を逸らし忘れたい、手っ取り早く追い払いたいと思う。近づいて観察するよりも、本能的に避けてしまうのだ。私たちが死体や変形した肉体から目を背けてしまうのと同じ理屈だ。だがこの自動反応は、練習によって変えることができる。

医師として、私はありとあらゆる変形した肉体を見てきた。発疹で覆われた皮膚、ひどい火傷の傷跡、エイズやがんの容赦のない痕跡、免疫不全のために腫れ上がった関節、手術によって切断された手足、遺伝性疾患によって変形した背骨や頭部、肝臓病によって肥大化した腹部や黄色くなった皮膚、その他、加齢や病気、死によって損なわれた肉体の数々。

医療の世界に入る前は、こうした状態を抱えた人々を見るたび、ショックと恐怖、不快感と嫌悪を感じたものだった。だが何年かするうちに不快な外見は気にならなくなり、人間の内面を見るようになった。心を開き、興味と温かさをもって人々を見られるようになり、恐れと不快感は優しさと愛情にとって代わった。だがこれらは私が心をオープンにして現在に生き、心の自動反応によって起こった感情に自分をコントロールさせず、それらに居場所を作ってやった結果である。その気になれば、こうした変化は起こせるのだ。

ここで、興味には二つのまったく違う種類があることを憶えておこう。ひとつは実験室でネズミや猿を扱う科学者などが見せる、やさしさのない冷酷な興味だ。もうひとつは病気の動物を治療しようとする獣医の、温かい気遣いのある興味。冷たくそっけない、病気とその診断、治療法にしか興味がない医者にはあなたも会ったことがあるだろう。彼らは、病を抱えた肉体の中にいる人間にはほとんど興味を示さない。一方で、正反対の医者にも会ったことがあると思う。好奇心の中に温かさ、やさしさと気遣いを包み込んだ医者だ。彼らはまず人間を最優先に考える。症状ではなく、患者全体を見る。あなたはどちらの医者に治療してもらいたいだろうか？

〝興味（curiosity）〟という言葉はラテン語のcuriosus、〝注意深い〟〝熱心な〟から来ている。そしてcuriosusはやはりラテン語のcura、〝配慮〟が語源となっている。これは非常に興味深い。セルフ・コンパッションを実践する時、私たちは自分を気遣っている。自分の感情と、それに対する反応に注目しているのだ。反対に、自分の感情を避けるのは気遣いのない行動だ。私たちはあらゆる手段を使ってそれを避けようとし、結果自分を傷つけ、人生が縮こまってしまう。cura（配慮）という言葉はcure（癒し）も意味する。これは非常に正しい。興味は感情の癒しに重要な役割を果たすからだ。痛みから逃れようとせず、それに向き合い、それを観察し、探究し、そして居場所を作ってやる。これこそが本当の気遣いと治癒の行動だ。

この次、孤独や腹立ち、不安、罪悪感、悲しみ、怒りや恐れが湧いたら、それらに興味を持ってみよう。ショーにおける目玉の展示物のように観察してみよう。

興味を持ってストレスや不快感を眺めると、それらは主に二つの部分からできていることが分かる。一つは〝物語〟、頭の中の全ての言葉と映像だ。信条、考え、思い込み、理由、ルール、判断、印象、解釈、映像、記憶などである。もう一つは体の感覚、体の中で感じるすべての感情や感覚である。次項でこれについて見てみよう。

■感情の居場所を作る

ご想像通り、エクササイズの時間だ。怒り、悲しみ、罪悪感、恐れ、孤独感、無感覚、空虚感などに居場所を作ってやる方法である。だがまず、ここで心の声を聞いてみよう。心は興味津々で大乗り気だろうか？　それとも「いやな感情に場所を作ってやるなんてまっぴらだ！　あいつらを追い出したいんだ！」と叫んでいるだろうか？

もしそうなら、あなたの心はなぜ私たちがこれを行おうとしているのか分かっていない。第4章で、感情を避けるためにあなたがしてきたことを説明したのを憶えているだろうか？　それらがしばらくは有効でも、長い目で見ると効き目がないことも。そしてこれらの感情を避けたり追い払うことにエネルギーを費やすほど、あなたはますます消耗し、効果的に行動できなくなること、人生がさらに困難になること。また前章で説明した、感情を無視することの弊害も。感情と戦うことをやめ、それらを自由に行き来させてやることは、自分に対する優しさの行動だ。これは理由なくやるのではなく、自分の人生を再構築するために行うのだ。

エクササイズを始める前にいくつか実用的なアドバイスを。まず憶えておいてほしいことが二つある。1．私の声をガイドにしたいならExtra Bitsからダウンロードできる。2．第8章で紹介したような呼吸のエクササイズで困難を感じたら、呼吸に関する部分は省略しておこう。

次に、エクササイズはまず錨を降ろすことから始めよう。これはとても重要だ。決して飛ばさないでほしい。また、エクササイズの最中に圧倒されるような気分になったらすぐに中止してほしい。（ないとは思うが注意はしてほしい。）そして気分が安定するまで錨を降ろそう。

3．エクササイズはゆっくり進めて構わない。見習いの消防士が訓練なしで高層ビル火災を消し止めることは不可能だ。見習いのうちは、訓練場に用意された、コントロールされた安全な火から始める。多くの練習を繰り返し、機材やすべての手順に精通したあと、本当の火と戦えるのだ。

困難な感情に居場所を作るには、こうしたアプローチが賢いやり方だ。あなたがこういうことに初めて挑戦するならば、自分の持つ一番強い感情でやらないようにしてほしい。小さく、あまり手強くない感情から始めよう。短気、フラストレーション、失望、悲しみ、不安など、日々起こってくる感情は数百に上る。必要であれば体の中の小さな感覚から始めるのもよい。そして時間をかけて、徐々に大きなものに挑戦していこう。

■感情に気づこう

●少し時間をとって錨を降ろしてみよう。自分のやり方で構わない。心が安定するまで、自分の内的経験（思考・感情など）を認め、体とつながり、周囲の世界に意識を向ける。

●ここでちょっと一時停止しよう。

●あなたは発見の旅に出発するところだ。苦痛の感情を探究し、新たな視点でそれを見るのだ。もしこの瞬間に苦痛の感情がないならば、それを起こしてみよう。あなたの〝現実からの一撃〟がどういうものかを見つめ、それが今の自分にどういう影響を及ぼしているかを考えてみよう。こうすると大抵苦痛の感情が湧いてくる。

●ゆっくりとしたやさしい呼吸をしながら自分の体に注意を向けよう。

●頭のてっぺんから始め、体の下の方までスキャンしていこう。苦痛の感情が体のどの部分で一番強く感じられるか見てみよう。額、目、あご、口、のど、首、肩、胸、腹、骨盤、おしり、それとも腕か足だろうか？（もし何も感じられないなら、一番無感覚な部分に集中してみよう。大抵の場合胸か腹だ。）

●苦痛の感情の場所を特定したら、好奇心を最大にしてそれを観察しよう。深海で新種の生き物に出会った海洋生物学者のように。苦痛の感情について新しい発見ができないか見てみよう。それがどこにあるか、どんなふうに感じられるか、どのような振る舞いをするかなど。

●そのエネルギー、脈動、バイブレーションなども観察しよう。そうした感情が様々な〝層〟に分かれていることにも気づこう。

- それが始まるところ、止まるところにも注意を向けよう。
- それはあなたの深い部分にあるか、それとも表面か？　動いているか止まっているか？
- この感情があなたの中に存在する物体だと想像してみよう。それはどんな形で、どんな大きさか？　軽いか重いか？
- 温度はどうだろう？　熱い部分、冷たい部分があるだろうか？
- 色は？　透明だろうか、不透明だろうか？
- 物体の表面に触れると、どんな感じがするか？
- それは熱いか冷たいか？　柔らかいか硬いか？　ざらついているかなめらかか？
- それに対する何らかの抵抗感に注意を向けよう。体は緊張しているか？　体はそれに抵抗し、苛立っているか？

■感情に名前をつけよう

●感情に気づいたらそれに名前をつけよう。自分の中で呟こう。〝恐れが来たな〟、〝怒りに気づいたぞ〟〝今、私は罪悪感を持っている〟（感情の名前を特定できない時は、〝痛みが来たぞ〟あるいは〝ストレスが起こった〟〝無感覚が来たな〟でもよい。）

●そしてこの感情を、珍しい海の生物でもあるかのように観察し続けよう。今までとの違いは、この生物には今や名前があること、あなたはそれが何であるか分かっていることだ。

■感情に息を吹き込もう

●ゆっくりと深く、感情に息を吹き込んでみよう。あなたの息が感情の内部と周囲に流れ込んでいくのを想像しよう。

●息が流れ込むのは、ちょうど押し広げる感じ、自分の内部に空間が生まれるような感覚だ。

●それは〝気づきのスペース〟だ。

●海がそこに住むすべての生き物のための場所を用意しているのと同様、あなたの内部の広々とした気づきも、すべての感情を包み込むことができる。

●感情に息を吹き込み、その周りに空間を作ろう。周囲に余裕を持たせ、スペースを作ってやろう。

●体の内部にある抵抗感に息を吹き込もう。緊張感、混乱、収縮感、それらにも場所を空けてやろう。

●心の中の抵抗感、〝いやだ〟〝ダメだ〟〝消え失せろ〟といった心の霧にも息を吹き込もう。

●そして息を吐く時、思考も一緒に吐き出そう。それにしがみつくのではなく、風の中を舞う葉っぱのように好きに振る舞わせよう。

■感情の存在を許そう

●こうした感情を好きになったり、望んだり認めたりする必要はない。あなたはそれが存在するのを許してやりさえすればよいのだ。

●思い出してほしい、感情にはすべて目的がある。それはあなたを助けようとしているのだ。

●感情はあなたに重要なメッセージを伝えようとしている。

●それは、あなたが何かを気遣っていること、あなたには心があること、大切にしている何かを持っていることを伝えているのだ。

●感情は弱さのサインや心の病などではない。あなたが正常で、生きていて、気遣いのある人間である証拠なのだ。

●感情はあなたが他の心やさしき人々と共有しているものだ。私たちは皆、現実からの一撃を経験している。それが起こると誰もが苦痛を感じる。

●感情と争うのをやめ、仲良くしてはどうだろうか？

●感情はあなたの一部だ。それは足や手、目や耳と同様、あなたの一部分なのだ。

●自分の体の一部と争って何が得られるのか？　不毛な戦いから抜け出し、和解してはどうか？

●感情の観察を続けながら、その下にあるものに気づいてみよう。怒りや無感覚が現れた時、その下にはたぶん、恐れ、悲しみ、羞恥心がある。だが新たな感情を引っ張り出す必要はない。この瞬間の自分の感情をあるがままにさせてやればよいのだ。もし新しい感情が心の奥底から現れたら、それも別に構わない。現れなくてももちろん構わない。

●この瞬間にどんな感情が存在しようとも、それに居場所を与えてやろう。動き回れるほどの十分な広さをあげよう。そして好きな時に自由に出入りさせてやろう。

■気づきを広げよう

●海洋生物学者はタコに注意を集中している。と同時に、集中力をタコの周囲の水や、下にある岩にも広げている。

●同じように、私たちも集中力を拡張することができる。感情のために場所を空けてやったら、次の目標は気づきを広げることだ。感情に気づくことを続けながら、それが、今・現在を構成するもののごく一部でしかないことを認めよう。

●この感情の周りにあるのはあなたの肉体だ。そしてその体によってあなたは何かを見、聞き、触り、味わい、匂いを嗅ぐことができるのだ。

- 一歩下がって目に入るものを敬意を持って見てみよう。感情だけでなく、聞こえるもの、見えるもの、触れているものすべてに注意を払おう。
- あなたの意識は、暗闇に隠されたものを照らし出す強力なたいまつの光だと考えてみよう。周囲をあまねく照らし、自分のいる場所を明確にしよう。
- このエクササイズをする時、感情から気を逸らしてはいけない。無視してもいけない。感情をあなたの意識の中に捉えておこう。と同時に、周りの世界ともつながっておこう。
- 他の存在と同じように、感情がそこにいるのを許そう。
- あなたが感じていること、考えていることに気づこう。
- 自分が今していること、どのように呼吸しているかに気づこう。それに意識を向け、没頭してみよう。

●二つの世界を意識しよう。一つは自分の内側の世界、もう一つは外の世界だ。あなたの意識で両方を照らそう。

●そして現在この瞬間に完全集中しよう。

本書で紹介する他のエクササイズと同様、あなたはこの練習をいつでも好きな時に、どこでも好きなだけ行える。苦悩の感情に居場所を作ってやる能力を高めたかったら、少し長めに十分から十五分くらい練習してもよい。また、どこでも十〜十五秒間行うのもいい。感情に気づいたら名前をつける。息を吹き込む。そこに居ることを許す。意識を広げて周りの世界とつながる。〝居場所を作ってやる〟練習を他のエクササイズと一緒に行ってもよい。気づき、名前をつけ、感情を認めてやったあとで、自分に優しく語りかけるか、錨を降ろすのもうまいやり方だ。

あなたは思っているだろう。「次は何だ？　この練習が終わったら何をすればいい？」

答えは、もしあなたが意識的に、人生を充実させる行為をしているならそれを続けよう、それに完全集中しよう、ということだ。意識を集中させ、完全にのめり込むのだ。もし人生を充実させる何かをしていないなら、今していることをやめ、もっと意味ある行動をしよう。（意味あることが何一つ思い浮かばなくても心配ない。それは第2部で説明する。）

ここで一つ注意しておこう。感情から逃れる、避ける、追い払うなどのコントロール戦略は、使い過ぎた場合のみ問題になる。それは長い間使うと有害だが、短期的には助けになる。それがあなたにとって役に立ち、長期的にも害にならないようなら使い続けてもよいだろう。私たちの目的は使える道具の数を増やすことだ。多くの選択肢を手に入れて、感情と戦ったり、それから逃げたり、体の感覚を遮断しなくてすむようにすることだ。

一日数回、自分の感情を深く観察することをお勧めしたい。感情をよく見て、それらの習性を発見しよう。それが現れるのはいつか？　何がきっかけか？　体のどの部分に居座るだろうか？　それに対する体の反応は？　どの部分に抵抗や緊張感、あがきを感じるか？

ドキュメンタリーでサメやワニ、アカエイが登場すると私たちは興奮する。これらの恐ろしい、獰猛な動物たちは私たちに畏怖の念を起こさせる。私たちはこれと同じ態度で感情を観察すべきなのだ。感情は時に危険に見えることもあるが、実際私たちを傷つけることはない。サメやワニと違い、感情が私たちをとって食うことはないのだ。アカエイのような毒もない。心を開き、興味を持って感情を観察するのは、野生のドキュメンタリーを見るのと同様、まったく危険はない。できる限り興味の視点を持ち続けてみよう。長いこと見つめる必要はない。興味をもってチラリと見るだけでいいのだ。

第11章　やさしい手

あなたはロバを飼っている。そのロバは毎週、あなたが市場で売るための商品を運んでくれる。そんなもの飼っていない？　失礼、忘れてほしい。あなたがロバを飼っていなくても、それが強情なことで有名なのは知っていると思う。ロバに協力的であってほしいならば、うまい動機づけの方法を知っておく必要がある。これが現実からの一撃とどう関係するのかって？　それはもうすぐ分かる。

現実からの一撃は様々な形で私たちにのしかかってくる。死、病気、災害などで。自分でそれを作り出してしまうこともある。少なくとも、自己破滅的な行動によってきっかけを作ってしまうことはよくある。私たちは失敗し、間違いや馬鹿げたミスを犯す。操り人形のように自分の感情に小突き回され、自滅的な行動をする。思考にがんじがらめにされ、感情と争い、理想としている自分とはかけ離れた言動や行動をしてしまう。愛する人々を傷つける。あるいは自分は愛されるに値しないと考えて、彼らを遠ざける。

本書で紹介した原理を練習していくと、こうしたことは少なくなっていく。だが私たちは完全な存在ではない。今後も、何度も繰り返し失敗する。それが人間というものだ。

失敗した時、あなたの心はどう反応するか？　それが私の心と似通っているなら、棍棒を取り出してバシバシ叩いてくるだろう。お前はダメなやつだ、お前にはできない、あるいはお前には間違ったところがある、と責めるだろう。もっと努力しろ、もっと進歩しろと説教してくるかもしれない。別に驚くことでもない。成長期において、大人たちは私たちの行動を変えさせるために、私たちを非難してきた。私たちが大人になって自分自身に同じことをしたとして、驚くには当たらない。

ロバに話を戻そう。古いことわざ、〝人参と棍棒〟について聞いたことがあるだろう。ロバに荷物を運ばせるには、人参と棍棒の二つの手段がある。どちらの方法でもロバは従うが、棍棒を使うと、長い間にはロバは惨めで不健康になってしまう。だが労働の褒美として人参を与えるなら、より健康になっていく。（夜目も効くようになる。）自分を打ち据えつらく当たる、あるいは心の中で身動きが取れなくなるのはロバを棒で打つのと同じことだ。厳しい自己批判はあなたを突き動かすこともあるが、それが習慣化するとさらに不幸で不健康になってしまう。そしてそれがあなたの習慣を変えることはまずない。

現実からの一撃がまったくの不運だったのか、それとも多少なりとも身から出た錆だったかにかかわらず、セルフ・コンパッションを習慣づけるのがカギなのだ。（あなたが惨めなロバのような人生を望んでいる場合は別だが、そんなことはないだろう。）

ところで、今まで本書で学んできた方法、錨を降ろす、役に立たない物語から逃れる、苦痛の思考に居場所を作ってやる等は、すべて〝マインドフルネス〟として知られるスキルだ。マインドフルネスはＡＣＴの核のようなものだが、今まで私がこの言葉を使わなかったことを不思議に思った読者もいると思う。理由は単純だ。マインドフルネスという言葉の間違った解釈があまりに多いからである。マインドフルネスは宗教の儀式か瞑想の一種、リラックスのテクニック、はたまたポジティブ・シンキングの方法だと思われている。ここまで読んだあなたは、どれも間違いであることが分かっていると思う。〝マインドフルネス〟には多くの異なる定義がある。そしてどの定義が一番正しいかについても統一見解はない。

　私としては、マインドフルネスは、開かれた心、好奇心と柔軟性を基にした意識の集中による〝人生に役立つ心のスキル〟と定義している。錨を降ろす時、役に立たない物語から逃れる時、苦痛の感情に居場所を作ってやる時、私たちは自分の経験に柔軟に反応し、心を開き好奇心を持って現在に意識を向けている。つまりマインドフルネスを実践しているのだ。

　もちろん人よりはるかにマインドフルに生きている人もいる。彼らは人よりずっと深く現在の行動に没入し、感情に居場所を作ってやり、思考から自由になれる。多くの場合、それは練習量によって決まる。本書では今まで、簡単にできるエクササイズを説明してきた。一日を通していつでもどこでもすぐ実践できるシンプルなマインドフルテクニックだ。だが、あなたが真剣にマインドフルネスの能力を高めたいなら正式な練習をするのもよいだろう。〝マインドフルネス瞑想〟やハタヨガ、太極拳などだ。

　私が強くお勧めする、非常に役立つ練習方法がある。〝マインドフルネス呼吸法〟だ。呼吸に意識を向け、集中が切れるたびに呼吸に意識を戻すというものだ。詳しいやり方は付録Ｂに載っている。一つ警告しておこう。今までこうしたエクササイズをしたことがない人は、あまりの難しさに尻込みするかもしれない。だが、心がさまよい出し呼吸への集中が十秒と続かなかったとしても、それは大成功だ。

今まで紹介したマインドフルネスのスキルはセルフ・コンパッションのために重要なものだ。それは現実からの一撃に対するやさしい接し方であり、苦痛の思考、感情、記憶へのやさしい扱い方だ。そして私たちが次にすることは、やさしい言葉や行動と共にこれらのマインドフルネスのスキルを組み合わせ、最大限のセルフ・コンパッションを味わうことだ。（ExtraBitsには音声も用意されている。）私のクライアントの何人かは、特に男性は、次に紹介するエクササイズに抵抗感を示す。〝くだらない〟〝複雑すぎる〟、あるいは〝馴れ馴れしい〟と言って嫌う。だがそれを乗り越えてやってみると、たいてい非常に役立った、と言う。（後で説明する通り、アントニオの場合は特にそうだった。）

■やさしい手のエクササイズ

●心を落ち着かせ、はっきりした意識を保てる楽な姿勢をとろう。椅子に座っているなら体を少し前に傾け、背筋を伸ばし、肩の力を抜いて足をしっかり床につける。

●錨を降ろそう。自分のやり方で構わない。心が落ち着き安定するまで、内的経験（思考・感情など）を認め、体とつながり、周りの世界に意識を向けよう。

●あなたが経験した現実からの一撃を思い出そう。起こった出来事を思い返し、浮かんでくる思考や感情に気づこう。

●〝今〟に存在しよう。

●休止。

●すべきことはそれだけだ。休止。

●数秒間休止して、心の言葉を聞いてみよう。それはどんな言葉を選ぶか、どれくらいの速さ、音量で話すか。

●好奇心を持とう。それは以前からの物語かそれとも新しいものか。いつの時代のものか。過去か、現在か、それとも未来か。心はどんな判断を下しているか。どんなレッテルを貼っているか。

●心と論争したり、黙らせようとしてはいけない。それは心を余計にあおるだけだ。

●それがあなたに語りかける物語に気づくだけでよい。

●そして、好奇心を持って体の中に湧きおこる様々な感情に気づこう。何が発見できるだろうか？　罪悪感、悲しみ、怒り、恐れ、それとも困惑だろうか？　憎しみ、自暴自棄、苦しみ、怒り、不安？　無感覚、空虚感、無気力など？　好奇心いっぱいの子供のように体の中で起こるそれらの感情に注意を向けよう。

●これらの感情が起こったら名前を呼ぼう。「あ、恐れだな」「悲しみが来たぞ」「無感覚が現れた」など。

●次に自分にやさしい言葉をかけよう。痛みを認めてやり、やさしさで対応しよう。何を言えばいいか分からなければ「これはつらいな。自分をやさしく抱きしめよう」と言ってみよう。

■心を開くエクササイズ

●今度は自分を一番苦しめる感情を見つけて、子供の好奇心でそれを観察しよう。

●それはどこにあるか？　表面か、それとも深い部分か？

●その大きさは？　形は？　それとの境目は明確か、それとも曖昧ではっきりしないか？

●その感情の温度はどうか？　熱い部分や冷たい部分があるか？

●それは動いているか静止しているか？　軽いか、重いか、それとも重さはないか？

●その感情の中に他の感覚が存在するだろうか？　振動、うずき、ズキズキする感じがあるか？　圧力、ヒリヒリ感、切られるような痛みか？

●今度はその感情に温かさとやさしさをもって息を吹き込んでみよう。

●自分の息が、痛みの感情や無感覚などの内部と周囲に流れ込んでいくのを想像しよう。

●心の中に魔法のように広大なスペースが開け、苦痛の感情に広々とした居場所を作ってやるところを想像しよう。

●その感情がどんなに嫌いでも争ってはいけない。喧嘩をする代わりに場所を空けてやろう。

戦いから抜け出し、平和的な関係を築こう。

●感情にあるがままにさせてやろう。追い払うのではなく、十分なスペースを与えてやろう。

●体のどこかに抵抗感、締めつけられる感じ、収縮感、緊張などがあれば、それらにも息を吹き込み、場所を空けてやろう。

●思考、感情、抵抗感など、現れるものすべてに居場所を与えよう。

■自分をやさしく抱きしめるエクササイズ

●どちらか片方の手を選ぼう。

●それが自分のではなく、とてもやさしい誰かの手であると想像しよう。

●手を心臓か、感情のある場所にやさしく置いてみよう。体に触れたくない場合は、感情がある部分にかざすのでもよい。

●おそらく胸のあたりの感じが一番強いだろう。あるいは頭、首、胃かもしれない。一番強く感じるところに手を置くか、かざそう。（感情の場所が特定できない時は心臓に手を当てるか、かざそう。）

- 手をしばらくそこに、軽くやさしく置いておこう。
- そして手の温かさが体に流れ込んでくるのを感じてみよう。
- 痛みの周囲が柔らかくなり、空間ができるのを想像しよう。
- 痛みや無感覚をやさしく抱きしめよう。泣いている赤ん坊かクンクンいう子犬、あるいは壊れやすい芸術品のようにやさしく包み込もう。
- このやさしい行為を気遣いと温かさで満たそう。愛する人に救いの手を差し伸べる時のように。
- やさしさをあなたの指から溢れさせよう。
- 次は両方の手を使おう。どちらか一方を胸に、もう一方を胃に当てよう。そしてしばらくそっと、そのままにしておこう。自分をやさしく抱きしめよう。自分とつながり、慈しもう。慰めとサポートを惜しみなく与えよう。

■自分にやさしく話しかけるエクササイズ

●再び、自分にいくつかやさしい言葉を掛けよう。

●何と言えばよいか分からなければ、「これは大変だな。自分をやさしく抱きしめよう」と言おう。

●あるいは「これは難しい。でも私にはできる」でもよい。

●あなたが失敗したりミスを犯したなら、思い出そう。「そうだ、私は人間だ。この星の他の人間と同じように、失敗もすればミスも犯すんだ」

●そして、痛みはあなたにとても重要なことを伝えようとしていると認めよう。

●痛みはあなたに心があることを教えてくれる。気遣う人であることを教えてくれる。あなたがとても大切なもの、あるいは人を失ったことを教えてくれる。

●痛みは、大きな喪失に遭遇したすべての人間が持つ感情なのだ。

●それは弱さの印でも、あなたに直すべきところがある証拠でもない。あなたが生きていて、他者を気遣う存在であることを示しているのだ。痛みはあなたと、この星の生きとし生けるやさしき人々に共通する感情なのだ。

アントニオは私と一緒にこのエクササイズを行った。しわがれた苦痛のうなり声が喉の奥から絞り出された。彼は体を上下させ、涙が頬から流れ落ちた。私は彼に、手をそっと体に当て、優しさを送り込むよう言った。十分ちょっと、彼はすすり泣き、震えながらやさしく自らを抱きしめた。やがて彼は泣くのをやめ、穏やかになった。そしてきまり悪そうに私を見つめながら、小声で言った。

「俺は感情をものすごく抑えつけていたんだな」

「で、今はどう感じる?」

「心の中のゴミを十種類ぐらい放りだした気分さ」

「あなたは前よりずっと落ち着いているように見えるよ」私は言った。

カウンセリング前に見せていた不安や緊張はすっかり消え失せ、彼は穏やかになっていた。

「ああ、そう思う」彼はそう言って微笑を浮かべた。

やさしい手のエクササイズがアントニオに及ぼした効果はドラマチックだった。ほとんどの人にはここまでのことは起こらない。普通は温かさや心地よさを感じるだけである。それは穏やかで心地よく、落ち着いた静けさをもたらしてくれる。強い苦痛の感情に入り込んだ時は、いくつかの選択肢がある。一つはエクササイズを中止して錨を降ろすことだ。もう一つはエクササイズを続け、〝嵐に乗って〟みることだ。嵐が収まった時、あなたはアントニオと同じ状態になっているだろう。あまりに多くのものを乗り越えて、体が震え、弱々しくなっているかもしれない。だが同時に、心地よさと穏やかさに包まれているだろう。

このエクササイズを繰り返しやってみることをお勧めする。少なくとも一日一度はしてほしい。（だが週に一度でも効果はある。）長すぎると感じるようであれば、二分くらいに縮めても構わない。

もちろん、これを会議中に行ってもうまく行かない。プライベートな時間にやるのがベストだ。またベッドに入って行うのもよい。特に寝つけない時などがお勧めだ。あまりよい結果を得られない時は、少なくとももう一度トライしてほしい。多くの人は、繰り返しやるほどうまくいくと語っている。（だが、気乗りがしなかったり効果がなかった場合、あるいは手に負えないほどのネガティブな反応が起こってしまう場合などは、エクササイズをやめておこう。）

自分に合うようにエクササイズを修正しても構わない。たとえば、体に手を当てるのが嫌な場合、やさしさの行動として首や肩をさすったり、こめかみやまぶたをマッサージするなどでもよい。また、深い悲しみに対処する練習をしている時にこのエクササイズを併用すると、効果的なことが多い。

■もっと遠くへ

　このエクササイズ以外に、自分にできるやさしさの行動はないだろうか？　自分流の気晴らし、たとえばスポーツをする、車をいじる、読書をする、ジムでワークアウトする等だ。温かい風呂でゆっくりしたり、マッサージを受けたり、美味しく健康的なものを食べたり、散歩に行く。自分だけの時間を作る、好きな音楽を聴くのもいい。

　判断を交えずに自分の声を聞き、自分の傷の深さを認めることができるだろうか？　自分をやさしく扱い、半信半疑でもとりあえず自分を信じてみることができるだろうか？　自分は人間であり、従って間違いを犯すものだと思えるだろうか？　自分の美点を見つけられるだろうか？（美点は誰にでもある。心がどんなに否定しようとも。）

　自分へのやさしい語りかけについては何度か触れてきたが、ここでもう少し掘り下げてみたい。ご存知のように、脳には消去ボタンがない。私たちは辛辣な自己批判の思考を消し去ることはできない。だがそれが現れた時に気づき、認め、名前をつけ、それに振り回されることなく存在を許してやることはできる。また、自分のために、やさしく助けになる思考を生み出すこともできる。これをする時、ＡＣＴでは他の心理的アプローチとはかなり異なる方法を使う。ＡＣＴは、自己批判の思考と争ったり論争したり、反証を挙げたり、追い払おうとはしない。またネガティブな思考をポジティブな思考に変えようともしない。ＡＣＴでは批判の思考を認め、そこにいることを許してやる。さらに、そこにやさしい独り言を加える。親しい友人にするように、自分に話しかけるのだ。

心が言ったとしよう。「僕は弱虫だ。なぜもっと強くなれないのだろう？　なぜ他の人々と同じように行動できないのだろう？」そこであなたはこう反応する。「私は今、自分は弱いという思考に気づいた。これは非常に苦痛だ。そして私はもがいている。だがそれが難しくても自分で何とかできる。今できることをしよう。自分でコントロールできることに集中しよう」。

心が「お前は悪い母親（父親・息子・娘・友人）だ」と言ったとしよう。「必要とされた時に一緒に居てやらなかった。彼らを不幸から救えなかった。ひどい仕打ちをした」それらは辛辣な自己批評として心に溜まっている。それに対するあなたの反応は「また〝俺はしくじった〟の物語だな。確かに後悔していることは山ほどあるし、時間を戻してやり直したいと思っている。それができないのが本当に悔しい。だが自分を責めても起こったことは変えられない。それよりもそこから学ぶことだ。そうすれば今度同じ状況になった時、別のやり方ができる」。

こういう思考をすると自己憐憫が起こらない。痛みを否定したり追い払おうとする気も起きない。「もし人生がレモン（苦い体験）をくれたら、レモネードを作れ」「コップにはまだ半分入っている」などのお決まりのポジティブ・シンキングも必要ない。

もちろんこれは、言うは易しというやつである。ご想像通り、セルフ・コンパッションは他のスキルと同様、練習を必要とする。だがやはり他のスキルと同様、何度も行えば上達する。一日を通して練習の機会を見つけよう。手厳しい自己批判の思考が来たらすぐに気づき、名前をつけ、今ここに存在することを許そう。そして考える。「愛する人が今の自分と同じような状況に置かれていたとして、やさしい、役に立つ言葉をかけるとしたら何と言うだろう？」

■小さく考えよう

セルフ・コンパッションを高めるために、特別大げさなことをする必要はない。ほんのちょっとしたやさしさの行動が違いを生む。今朝私がした行動を例に取ろう。まず背中と首のストレッチを行い、シャワーを浴び、犬と遊び、息子に冗談を飛ばし、健康的な朝食をとった。その後、窓の外の鳥のさえずりを聞いた。こんなちょっとした自分への気遣いが、長い間には自分との思いやりの関係を作り上げていく。さらに、こうした行動を想像するだけでも、自分に対するやさしさの感覚を生み出すことができる。

本書の初めにセルフ・コンパッションの世界的研究者、クリスティーン・ネフを紹介した。ネフはセルフ・コンパッションの主な要素としてマインドフルネス、やさしさ、そして〝共通の人間性〟を挙げている。ネフの言う〝共通の人間性〟とは、人間に共通する特性と、苦痛の普遍的な性質のことだ。あなたが傷ついたり苦しんでいる時、それは人間としてごくあたりまえの経験だということ、今この瞬間、この星の数百万人という人々が同じような苦しみを味わっていることを思い出そう。あなたの苦悩を軽視したり矮小化するためではない。苦悩は人間の一部であり、誰もが共通して持っているもの、他人の苦悩を理解し、彼らへの思いやりを育んでくれるものだという事実を認めるためだ。

私たちが苦しんでいる時、心は、「今苦悩しているのはお前だけで周りは皆幸せに満ちている」と告げてくる。「周りの人々は苦痛など感じていない」と言い張る。「他の人々は大きな喪失など経験しない、少なくともお前の感じているような喪失は」と主張する。そして私たちがこの話を信じ込むと、苦しみはさらに大きくなる。だが実際は、すべての人間が苦悩するのだ。誰の人生も困難と喪失と無縁ではいられない。だれもが現実からの一撃を受けるのだ。特に、長く生きた人は何回も。優しい独白の一つとして、このことを思い出すのはとても役に立つ。

私事を言えば、セルフ・コンパッションを感じるのが最も難しいのは子供を怒鳴りつけた時だ。世の親たちと同様、私は時折カッとなる。判断の物語につかまり、我慢と平穏という自分の価値とのつながりを失い、キレて子供にひどい言葉を投げつける。しばらくすると、心が大きな棒を持って現れる。「ひどい父親め！」「なんてひどいことをするんだ！」「彼はまだ子供だぞ、もっと優しくしてやれ。カッとなって何の得があるんだ？」「それでＡＣＴのセラピストだって？なんて偽善者だ！」「今のお前を見たら、お前の本の読者はなんて思うだろうな？」そしてたちまち、私は罪悪感と恥ずかしさ、フラストレーションの嵐の中で身悶えする。

そしてしばらくすると、私は起こっていることを理解し、足を大地につけて深い呼吸をし、見えるもの、聞こえるもの、触れられるもの、味わえるものに気づくのだ。私は世界とのつながりを取り戻す。現在とつながる。そして自分が傷ついていることを認める。手を自分の胸かおなか、あるいは最も痛みを感じる部分にそっとのせ、深く息をする。そして自分に言い聞かせる。「お前は人間だよ。そして他の親たちと同じように、時々は失敗をやらかす。お前はよい両親になろうと努めるけれど、理想通りに行かない時もある。そんな時はこんな気分になるんだ」
次に、こうした罪悪感の下に潜んでいるものを観察する。そこにあるのは〝愛〟、無限の、純粋な愛だ。結局のところ、もし息子を愛していなければ彼を怒鳴りつけたことで罪悪感を持つこともないのだ。

静かにすわって自分にやさしくなり、興味をもって痛みの感情を観察すれば、あなたも自分の中に同じものを見つけるだろう。怒り、恐れ、悲しみ、罪悪感など、どんな感情であろうと、それをやさしく握りしめ、自問しよう。「この痛みは、私の心に存在する何を明らかにしているのだろうか？　私が本当に気にかけているどんなものを、思い出させようとしているのだろうか？　私が直視しなければならない、取り組まなければならない、改善しなければならないどんなものを、教えようとしているのだろう？」

これらの質問は、心があなたを責めていてもあなたは悪くないのだ、ということを覚えておくのに役立つ。あなたは気遣いのある人間だ。気遣いがなければ傷つくこともないはずだ。

現実があなたを打ちのめし人生をひっくり返した時、とりあえずとる最良の対処法は、錨を降ろして自分をやさしく抱きしめることだ。それは自分を立て直し、大地に足をつけ、心を落ちつけてくれる。そしてその後、苦痛な立て直しのプロセスを実行するための戦略を練り、問題を解決する時、つまり、自分の価値に沿った行動を起こす時、今までよりずっと効果的な行動ができる。一日を通し、ちょっとした機会をとらえ、錨を降ろす練習と自分にやさしくする練習をしよう。それら一つ一つが変化をもたらしてくれるのだ。

第12章　苦痛の記憶が甦ったら

　時には、うっとりするような最高の思い出がもっとも苦痛な感情の引き金になることがある。愛する者を、死や別離、恋愛関係の破綻などで失ったときなどがそうだ。過去の素晴らしき日々、愛や楽しみのひとときや親密なつながり、分かち合い慈しんだ時間が巨大な苦痛となってしまうのだ。楽しい思い出が、突如悲しみや不安、孤独感に押し流され、とてつもない苦痛に変わってしまう。素晴らしい思い出であるにもかかわらず！　それが悪い思い出であれば、私たちはさらに苦しむ。悪い思い出には愛や美しさのかけらもない。さらなる苦痛があるだけだ。

　この章では二つの異なる、しかし互いに関連の深い戦略を紹介する。一つは〝喪失を認める〟練習、よい思い出がもたらす苦痛に働きかける方法だ。次に、〝手を差し伸べる〟、つまり悪い思い出と協力する方法だ。

■エクササイズの基礎

　ラッキーなことに、あなたはこのエクササイズの基礎をすでに行っている。苦痛の記憶が現れた時に錨を降ろすことだ。これはあらゆる苦痛な内的経験に対するとりあえずの最良の対処だ。

そしてあなたはそれに気づき、名前をつけることもやってきた。「葬儀の時の記憶が来た」「交通事故の時の思い出が甦ったぞ」「彼女がどんなふうに私を抱きしめてくれたかを思い出している」「ボスにクビを言い渡された時の記憶が来たな」

あなたはその記憶がどんなに苦痛かを認め、やさしく反応する〝優しい独り言〟も使ってきた。苦痛の記憶に居場所を作ってやるテクニックも。自己批判の物語から逃れることもやってきた。「大失敗した時の記憶が来た」「心が〝お前は弱い〟と呟いているぞ」「お前はろくでなし、の物語が現れたな」等。

あなたはもう、これらの方法の効果を実感しているだろう。感情を認めてやり、存在することを許しながら、現在の行動に集中することもできるようになったと思う。また、記憶も、感情の嵐の他の要素と同様、好きな時に来てとどまり、去るものだと理解していると思う。（もしこれらを練習していないなら、始めるのは今だ。）これらのスキルを磨くために、次のエクササイズにもトライしてみよう。

■〝喪失を認める〟練習

愛する人を亡くした時、〝喪失を認める〟練習は非常に役立つ。（他の喪失、仕事、健康、恋愛などを失った時にこのエクササイズを使用する方法は後で説明する。だがまず近親者との死別について見ていこう。）基本は、一定の行動あるいは儀式を設定し、習慣的に行うことだ。これをすることで、あなたは喪失の事実と折り合いをつけられる。

やり方に厳格な決まりはない。どのくらいの期間、どのくらいの頻度でやればよいかはあなた次第だ。多くの人が、以下の要素のほとんど、あるいはすべてが役立ったと語っている。

●決まった時間に決まった場所でする

多くの人は、この練習を決まった時間に決まった場所で行うことが非常に大きな慰めになったという。墓地や海辺、森でやってもいいし、礼拝所や自分の部屋でも構わない。毎日やっても、週に一回、月に一回でもよい。五分間でも一時間でも、やりたければ半日やってもよい。特にルールはない。色々試して自分に合うやり方を見つけよう。

●記憶を甦らせるきっかけ

愛する人を思い出すきっかけとなる何かを用意すると、大いに助けになる。写真、絵、故人の服、お気に入りだった玩具やぬいぐるみのクマなど。

●象徴的な行動

故人に対するあなたの愛を象徴する行動をする。たとえばろうそくを灯す、お墓に花を手向ける、特別な音楽をかける、詩を朗読する、祈りの言葉を言う、日記を書く等。誰かと一緒に行う時は、彼らの手を握るか、抱きしめてもいい。あるいは一緒に歌ったり祈ったりもできる。

●思い出し、許す

このエクササイズの目的は愛する人を思い出し、湧き上がる感情をあるがままにさせることだ。湧き起こる思考や感情、愛と悲しみ、喜びと恐れ、笑いと孤独などに居場所を作ってやろう。そしてどんなに苦痛を感じているかを認め、自分に優しくしてやろう。ここでも多くの人が、前の章でやったやさしい手のエクササイズが慰めになったと語っている。

ただ、望まない記憶が現れることも覚悟してほしい。そして、もし現れたらそれを追い払おうとしないことだ。それをすると大きな反動がくるからだ。望まない記憶はしばらくは消える。だがすぐ仕返しにやってくる。望まない記憶には、気づく、名前をつける、存在を許してやる、そしてやさしく自分を抱きしめる、で対処しよう。

●記憶を選ぶ

私たちは記憶をほとんどコントロールできない。記憶は勝手気ままに現れ、去っていく。そしてしばしば望まない時に現れる。またある時は、どんなに頑張っても思い出せないこともある。だが、悲嘆の儀式には、抱きしめたくなるような思い出を選ぶことができる。その人をどんなふうに記憶にとどめたいのか、じっくり考えてみよう。何か特別な出来事の記憶がないだろうか？彼の発言、行動で、あなたにとってとても大切なものは？　彼の変わった部分で、あなたが愛おしく思うものはないだろうか？　尊敬すべき性格は？　それらを思い出し、慈しもう。甘美な思い出を味わおう。

●愛しい人に話しかけよう

最後にもう一つ。多くの人は愛する故人に話しかけることで慰められる。やったことがない人は違和感を持つかもしれない。あなたの愛する人は死んでしまったのだ。だが想像上の会話はしばしば大きな癒しをもたらす。声に出しても頭の中で話しかけてもいい。かつての思い出を語ってもいいし、生きている時に言っておけばよかったと思うことを口に出してもいい。あなたの今の人生について話すのもいいだろう。また、そうしたければ彼らの答えを想像してもよいのだ。

ひき逃げによって息子を失ったナタリーは、非常に信仰心が厚かった。彼女は週に二回、彼の墓を訪れた。そこで彼女は祈り、彼に語りかけ、墓石に花を供えた。さらに、彼女は毎晩、息子の寝室にキャンドルを灯し、彼の服を一枚用意した。そして〝やさしい手〟のエクササイズを行なった。亡き息子の服を両手で抱きしめ、自分に泣くことを許した。そして祈りを捧げて終わるのだった。

アントニオとキャシーも独自の悲嘆の儀式をつくり、週に一度、ソフィアの寝室に行き、ベビーベッドの前に立ち、手を握り合った。キャンドルに火をつけ、音楽をかけ、二人の最愛の赤ちゃんの思い出を互いに話し合った。終わりはいつも、泣きながら抱き合うのが常だった。

〝喪失を認める〟練習（あるいは悲嘆の儀式）の力はどんなに評価してもし切れない。万人に適したものではないが（なので気が乗らなければ飛ばして欲しい）多くの人が大きな慰めになったと感じている。しばしば苦痛になりもするが。どんな感情が現れるかはやってみるまで分からないので、まず錨を降ろすことから始めよう。そして、必要な時はいつでもやってみよう。そしてもちろん、本書の他のエクササイズと同様、色々試して自分に合うやり方を見つけることだ。

　別の種類の喪失、失業、健康を損なう、大事な関係性が終わる等でも、このエクササイズは有効だ。だがこの場合はずっと地味なものになる。たとえば、結婚が破綻したシャンティの儀式は、毎日十分間ソファにすわって心の傷を認め、浮かんできた記憶に居場所を与え、やさしい手のエクササイズをすることだった。ラダのエクササイズ——慢性病のために失ったすべてのものを認める——は、シャンティのものとほとんど同じだった。違っていたのは彼女が毎朝、ベッドから出る前に行なっていたことだ。

■〝手を差し伸べる〟エクササイズ

　真に恐ろしい記憶にどう対処すれば良いのだろう？　恐怖や危険、暴力、死、大惨事などの記憶などに？　まず一番大事なことから取りかかろう。この章のはじめに紹介したスキル（〝エクササイズの基礎〟）はすべてとても重要だ。もしあなたがそれらを練習してきたなら、恐ろしげな記憶のインパクトが大分和らいでいることに気づいただろう。ここで紹介する〝手を差し伸べる〟エクササイズはインパクトをさらに弱めることができる。これらはすべて、想像力を使ったエクササイズである。あなたは時間をさかのぼり、悪い出来事が起こった直後まで戻る。そして想像の中で、その時自分にしてやれなかった援助の手を差し伸べるのだ。

アントニオが最初にこのエクササイズをした時、彼は赤ん坊のソフィアが亡くなった次の日に戻るのを想像した。アントニオは想像の中で、呆然としている過去の自分の横に立ち、その肩に手を回してやさしくなだめるように語りかけた。

エミリーはひどい交通事故によって骨盤を骨折し、足に大きな傷が残った。彼女は援助の手を差し伸べるために事故当時までさかのぼり（ほんの四ヶ月前だった）、無惨に潰れた車の中から自分が救い出されるところにもどった。エミリーは過去の自分を力づけ、救急車の中で手を握り、病院ではベッドの横に付き添った。

一つ気をつけてほしい、このエクササイズでは、ひどい出来事そのものまでは戻らない。一人でやるには衝撃が強すぎることが多いからだ。フラッシュバックが起こったり、あまりに苦痛な記憶がよみがえる場合、エクスポージャーと呼ばれる手法に熟達したセラピストと一緒にやる方が賢明だ。エクスポージャー療法はセラピストのガイドやサポートを受けながら、記憶に直接働きかける手法だ。

ここでは原因となった出来事ではなく、それが起こった少し後に戻る。そしてあなたはその時の自分自身を好きなやり方で援助する。ほとんどの人は思いやりの言葉や行為をする。すべてはあなたの想像力次第なのでやりたいようにやってほしい。ただやさしく支えてやればよいのだ。

これらのエクササイズの一つを紹介しよう。だが一つ注意がある。ごく最近受けた現実からの一撃は使わないでほしい。あなたはまだ準備ができていないからだ。この時点での目標は、ずっと以前の記憶に働きかけてこのエクササイズを理解することだ。その後はもう少し最近の出来事を試してもよい。

例によってこのエクササイズも錨を降ろすことから始める。また、途中で圧倒されるような気分に襲われたら中止し、錨を降ろそう。（前もって警戒する必要はないが、気にはとめておこう。）

■若い頃の自分に手を差し伸べる

●では想像のエクササイズをはじめよう。ある人々はテレビのように生々しくカラフルな映像を想像し、またある人はぼんやりと曖昧な映像を見る。映像をまったく使わない人もいれば、言葉や考えを好む人もいる。どんなやり方でも構わない。

●自分が若かった頃に戻ることを想像してみよう。あなたが何かの問題と格闘している時に。何らかの理由で、周囲の人はあなたを手助けすることができない。時代はあなたが子供の時か、もう少し後の十代、あるいは二十代前半の頃でもよい。

●楽な姿勢をとり、錨を降ろそう。自分の内的世界で起こっていることを認めよう。体を少し動かしたりストレッチしたり、あるいは呼吸して、体とつながろう。周囲の世界に集中しよう。見える、聞こえる、触れられるものに気づこう。

●心が落ち着いたら、目を閉じるか一ヶ所を見つめて想像を開始しよう。

●あなたはタイムマシンに乗り込む。そして若き日の自分を訪ねるのだ。問題を抱えて苦しんでいる若い頃のあなたのところに行ってみよう。周りの大人たちは何かの理由で助けの手を差し伸べてくれない。

●ではタイムマシンから出て過去のあなたに会ってみよう。十代か、二十代前半の彼・彼女をよく観察しよう。彼・彼女がどんな気持ちでいるのか感じてみよう。彼・彼女は泣いているだろうか？　怒っているか、それとも恐れているか？　罪悪感を持っているか恥入っているか？　この若者が本当に必要としているものは何か？　愛かやさしさか、理解か許しか、それとも受け入れてもらうことか？

●やさしく穏やかな声で、若い頃の自分に、何が起こったか、彼・彼女がどんな目にあったか、どんなに傷ついたか知っていることを告げよう。

●若い自分に、この体験について他人に分かってもらう必要はない、なぜならあなたが分かっているから、と伝えよう。

●そして、彼・彼女がこの困難を乗り越え、今では遠い記憶になっていることも伝えよう。

●そして今あなたがここに居て、この体験がどんなに苦痛だったかも理解していて、どんな援助も惜しまないということも言ってあげよう。

●若い自分に、今必要なこと、して欲しいことがあるか聞いてみよう。そして彼・彼女の望みが何であっても、それを与えてやろう。どこか特別な場所に行きたいと言うなら連れて行こう。抱きしめ、キスし、やさしい言葉をかけ、贈り物をあげよう。これらはすべて想像のエクササイズだ。あなたは何でもしてやれる。

●もし彼・彼女が自分の望みが分からない、あるいはあなたが信用できないと言うなら、それでも全然構わない、と言ってやろう。何かを言ったりしたりする必要はないのだと。

●起こった出来事について彼・彼女が理解できるように、必要なことを何でも言ってやろう。そして、彼・彼女が自分を責めているならそれを止める手助けをしよう。

●あなたは「君を助けるためにここに来た」と伝えよう。「君を気遣い、この苦境を乗り越えるための援助を惜しまない」ということを。

● 考えられる限りの方法で、気遣いとやさしさを注ぎ続けよう。言葉、行為、行動、何なら魔法やテレパシーを使っても構わない。

● 若い自分があなたの気遣いと優しさを受け入れたと感じられたら、お別れを言う時だ。あなたとつながったことを象徴するような贈り物をあげよう。小さな子供なら玩具やぬいぐるみのクマ、大人なら服、本、魔法のアイテム、その他、心に浮かんだものなら何でもよい。

● 彼・彼女にさようならを言い、また戻ってくると伝えよう。そしてタイムマシンに乗り込み現在に戻ろう。

● しばらくの間、錨を降ろそう。自分の心の中に現れるものを認めよう。体とつながり、十分にストレッチをしよう。周囲の世界に意識を向けよう。目と耳を使い、自分がどこにいて何をしているかを確認しよう。

エクササイズはうまくいったと思う。それがどんなものか分かった今、一番最近の現実からの一撃にも利用できるだろう。アントニオやエミリーのように、数時間、数日、数週間前（あるいは数年前）の、一撃を受けた後の自分に会いに行くことも可能だ。そして悲嘆の儀式をする時にこれを行うのは効果的だ。その際、毎回異なる過去を選んでもよい。

二つのエクササイズで色々試して欲しい。共通しているのは、どちらもセルフ・コンパッションを吹き込むエクササイズであることだ。あなたが好きなようにマイナーチェンジして構わない。自分の状況に合わせて変更・調整して欲しい。そしてもちろん、役に立たなければ飛ばしてよい。代わりに、苦痛の記憶が現れた時は、気づく、名前をつける、錨を降ろす、をやってみよう。脳には〝消去ボタン〟はなく、苦痛の記憶を消すことはできない。だが記憶をやさしく扱い、それと争わず存在することを許すと、やがて二つの変化が起こる。苦痛の記憶が現れる回数が減り、そのインパクトも確実に減っていく。

これで本書の第1部はおしまいである。第2部に移る前に、今まで紹介したスキルを何週間かかけてやってみるとよいだろう。

・感情の嵐が起こった時、錨を降ろす
・苦痛の感情に心を開き、場所を作ってやる
・辛辣な独り言から逃れる
・痛みを認め、やさしさで対処する

ふつう、現実からの一撃の後に心を立て直すのは、短時間で簡単にできることではない。一撃が大きいほどショックも大きく傷も深い。深い傷はすぐには治らない。感情の嵐は何度も起こる。

心は役に立たない物語をささやき続ける。また、本書で言ったことをあなたは何度も忘れるだろう。だが、思い出すこともうまくなる。そして、思い出したその時、あなたは選ぶことができる。あなたが望むなら、錨を降ろし、苦痛を認識し、自分に優しくふるまうことができる。そしてそれらを選択する度に、毎回小さな癒しが起こるのだ。

第2部

人生を立て直す

第13章　人生を意義あるものにする

意義がなければ、人生は味気なく無味乾燥なものになる。それはモノクロームの世界を生きるようなものだ。喜びも満足もろくに味わえない。現実からの一撃の不思議なところは、それが私たちに真の問題を思い出させ、心の深い部分を見せて人生に意味をもたらしてくれるか、あるいは意味を奪い去って私たちを空っぽにしてしまうかのどちらかであることだ。ほとんどの場合、後者であることが多い。少なくとも一撃が起こった直後は。

そこで、私たちが次に取り組むのはその結果を逆転させることだ。あなたの心が「そんなことは不可能だ」と言ったとしても、それはまったく自然な反応だ。人生を立て直すには相当の時間、努力、そして勇気が必要だからだ。さらに莫大な忍耐力も。

問題は、現実からの一撃が大きいほど、人生を立て直す気力が弱くなってしまうことだ。一撃の直後、私たちはすっかり元気を失い、行動を起こそうという思考さえ、不安と恐怖を引き起こす。なので、ゆっくりと小さく行うことが重要だ。まずは一歩ずつ進もう。

あなたはレンガの壁を積んだことがあるだろうか？　ない？　私もない。だがレンガ職人が壁を作っているところは見たことがあるだろう。そして、一度に二十個のレンガを積むのは不可能なことに気づいただろう。レンガは一つずつ積み上げるものだ。最初の一個、次の一個、また次という具合に。

人生を立て直すのもこれと同じだ。人生のあらゆる側面を一度に積み直すことはできない。そんなことをすればすぐに押しつぶされ、待っているのは失望だ。大事なのは一回に一つの、人生の側面に働きかけることだ。ではまず、大事な質問から始めよう。

■問題は何か？

私たちの行動には一つ一つすべて意味がある。洗濯、アイスクリームを食べること、結婚、確定申告をすること、深夜番組を見てボーッとすること、早朝のジョギング。すべての行動の下には、何らかの意図が隠れている。私たちは何かを起こすために行動する。だが私たちはどの程度、意思の存在に気づいているだろうか？　そして自分個人の大事な目的を意識した行動というのは、果たしてどのくらいあるだろうか？

ほとんどの人の答えは両方とも、〝それほど多くない〟だろう。私たちは生来、自分の行動を意識的に選ばず、また行動の仕方も意識せず、自動運転で生きてしまう傾向があるのだ。この性質の問題点は、とんでもなく長い日々を虚しい行動に費やしてしまいかねないことだ。だが、私たちが自分にとって重要な目的に意識的に行動を向けていくと、すべては一変する。人生に意味が植えつけられるのだ。方向感覚が研ぎ澄まされ、自分の理想とする人物のようにふるまえる。そして自動運転では絶対に味わえない活力の感覚を体験できるのだ。

人生に意味を持たせるこのプロセスを、ＡＣＴでは〝価値に従って生きる〟と言う。ＡＣＴにおける〝価値〟とは、基本的にあなたの心の深い部分にある、人間としてどのように行動したいかという欲望である。それは、あなたがどんな人間になりたいか、自分や他人、そして自分を取り巻く世界にどのように接したいかを示してくれる。それは、長く曲がりくねった人生の旅路をガイドする内蔵コンパスであり、エネルギーの源でもある。それはあなたを勇気づけ、刺激し、大切な行動をするよう駆り立てる。たとえあなたが気乗りしない時でさえ。

次にするのは、自分の価値について考えるためのエクササイズだ。だが始める前に一つ大事なことを言っておこう。〝よい価値〟や〝悪い価値〟といったものは存在しない。それはちょうどアイスクリームの好みのようなものだ。あなたのお気に入りがチョコレートで、他の人はバニラだったとして、彼らの好みが正しくあなたが間違っているとか、あるいはその逆、ということはない。単に好みの違いがあるだけだ。価値についても同じことだ。

■価値について考えるエクササイズ

このエクササイズでは、よくある四十個の価値のリストを読み上げる。もちろんどれが正しくどれが最高ということはない。多くの人に共通した価値というだけだ。リストを読んでピンとくるものがあるか見てみよう。（すべてがそうかもしれないし、どれひとつ琴線に触れないかもしれない。これはテストではなくて、あなたが価値について考えるためのエクササイズなのだ。）リストをじっくりと読み、一つの単語につき二秒間かけて、その言葉があなたにとって、自分や他者、そして世界に対する望ましい接し方を表しているかどうかを検討しよう。

●私はこんなふるまい方をしたい。

素直に受け入れる
本物の
熱心な
勇敢な
没頭する
フレンドリーな
気前の良い
役に立つ
優しい
心の広い
丁重な
自己防衛的な
他者を支える
思いやりのある

大胆な
よく気がつく
思いやりのある
クリエイティブな
公平な
寛大な
純粋な
正直な
愛情深い
お茶目な
責任感の強い
自立志向の
他者を信頼する

自己主張できる
面倒見のいい
協調的な
好奇心のある
集中力のある
楽しいことの好きな
感謝に満ちた
ユーモアのある
マインドフル（意識的）な
頼りがいのある
自己管理のできる
誠実な
信頼できる

これらの言葉の中で、あなたが望む、自分や他者、そして世界への接し方を表しているものをACTではあなたの〝価値〟と呼ぶ。（自分の望む振る舞い方を表していない言葉はあなたの価値ではない。そして、そうであってもまったく構わない。）

人生という巨大なテーブルには、さまざまな料理が並んでいる。いくつかはこの上なく味わい深く、またいくつかはひどく苦いものだ。現実からの一撃に打たれた時、味わい深い料理は引っ込められ、苦痛の料理がとって変わる。もちろん私たちが望むのは反対のことだ。現在抱えている問題や苦痛の思考、感情、記憶等、苦い料理など放り出してしまいたい。それらをテーブルから片付け、美味しい料理を並べたい。だが残念ながらそれは不可能だ。ではどうすればよいか？

ここで価値の出番になる。価値を、人生というテーブルに並べたい料理だと考えてみよう。あなたが欲しいのは愛だろうか？　それとも勇気、優しさだろうか？　遊び心、寛容、好奇心か？　正直さ、ユーモア、他人の助けになることだろうか？

あなたはこれらを言葉、行動、行為によってテーブルに置くことができる。人生が繰り出すものを魔法のように変えることはできない。だがテーブルに新しいものを加えることはできる。すると、すでにテーブルの上にあった料理も変化するのだ。

あなたはすでに本書の第1部を体験済みだ。人生は多くの苦痛の思考、感情、記憶をテーブルに運んでくる。そこであなたが持ち込んだのは、やさしさ、気遣い、思いやりだ。この三つの言葉は、心の奥底であなたが望んでいる、自分や他者への接し方を表しているだろうか？　もしそうなら、これらはあなたにとっての〝価値〟だと考えていい。

■〝価値〟対〝目標〟

〝価値は目標とはまったく異なるものだ〟。こう言われて混乱するのはあなた一人ではない。ほとんどすべての人がこう聞いてとまどう。理由は私たちの社会が〝価値指向〟ではなく、〝目標指向〟であるからだ。実際、人々が〝価値〟という言葉を口にする時、規則や目標を指していることが多い。

ここで違いをはっきりさせておこう。価値とは、あなたがどう行動したいかであり、目標とはあなたが何を得たいかである。素晴らしい仕事に就きたい、大きな家を買いたい、恋人が欲しい、結婚したい、子供が欲しい、これらはすべて目標である。つまり、〝ToDoリスト〟に〝目標達成！〟と書き込めるものだ。一方〝価値〟は、目標を達成する途上でのあなたの望む行動、たとえ目標を達成できなかった場合であっても、あなたが望むふるまい方のことだ。

あなたの価値が愛すること、やさしく気遣うことだとしよう。あなたは今、これらの行動をいつまでも続けることができる。たとえあなたの目標、パートナーを見つけたり子供を持つという目標が達成できなくても。（中にはパートナーや子供を持つという目標を達成しながら、やさしさや愛すること、気遣うことをしない人々もいる。）職場でのあなたの価値が、生産的で能率的、フレンドリーで気が利き、責任感旺盛であることだとしよう。あなたは今すぐそのように行動できる。たとえ仕事が大嫌いであってもだ。（素晴らしい仕事に就いていても、こうした価値を無視している人もいる。）

さて、あなたが愛され尊敬される存在になりたいと思っているとしよう。これは価値だろうか？　いや、これらは目標であり、何かを得ることだ。あなたは他者からの愛と尊敬を得ようとしているのだ。あなたの価値は、目標を追求する途上でどういう行動をしたいかということだ。それが達成されるかどうかは関係ない。礼儀正しく愛情深くありたいというのは価値だ。これらは望ましい行動の性質であり、あなたが望めばいつでも、自分にも他者にもそのように振る舞える。だが、愛され尊敬されることは目標であり（〝必須〟と考える人もいる）、私たちがコントロールできることではない。他者が自分を愛したり尊敬するように仕向けることはできない。実際、誰かに自分を愛させ、尊敬させようと躍起になるほど、彼らの心は離れていく。礼儀正しく愛情を込めて接していれば、愛され尊敬される可能性も高くなるが。（もちろん保証はできない。）

価値も目標も等しく重要だ。だがその違いは分かっておく必要がある。この二つは目的が異なる。違いを簡単に見極めるには、目標とは欲しいもの、得たいものであるのに対し、価値は自分や他者、周囲の世界とどのように触れ合いたいかを示すものだ、というのを憶えておくことだ。ところでこれが現実からの一撃とどう関係するのだろう？　錨を降ろしたりセルフ・コンパッションのテクニックを使って心を再構築したら、次にするのは行動、痛みが現れた時、何かのために立ち上がることだ。（人生をあきらめることに喜びはない。私たちは時にそうしてしまうけれど。）大きな苦痛に直面して、人生が私たちに、お前は何のために立ち上がるのかと問いかける時、その答えは自分の価値に見出せる。私は自分がこうありたいと思う人物像に基いて行動する、心の底にある大切なものに従って行動する、等。この答えは私たちに、生きる理由、生きる動機や目的を与えてくれる。文字通り人生に意味を持たせることができるのだ。

もしこれらがよく理解できない場合、あるいは骨子は分かっても自分の価値がはっきりしない場合でも、もうお分かりだろう、あなたは正常なのだ。私が人々に意味や目的、価値について初めて話す時、彼らは混乱し、不安をあらわにするか呆然とする。そこで私は彼らに二つのエクササイズをお願いし、コツをつかんでもらう。手始めに、厳しい自己評価の下に埋もれた〝隠された知性〟を引き出そう。

■心はどのようにあなたを助けようとしているのか

- ●まず錨を下ろすことからエクササイズを始めよう。
- ●心がいつもささやいてくる厳しい自己評価を思い出そう。
- ●この物語、パターンに名前をつけよう。〝自己評価〟〝能力不足〟の物語、あるいは〝心の中の批評家〟など。
- ●ちょっと考えてみよう。心がこうした判断を次々繰り出してくる時、それはどういうふうにあなたを助けようとしているのか？

●心はあなたに過去から学ばせようとしているのだろうか？

●心は問題を解決し、あなたに次の行動の準備、計画をさせようとしているのだろうか？

●心はあなたに、これから起こりそうな出来事への準備をさせ、あなたを救い、守ろうとしているのか？

●心はあなたを重要な誰か、何かとつなげようとしているのだろうか？

●心はあなたに、自分あるいは誰かを気遣え、と言っているのか？

●心は何に関して、あなたにより良いやり方をさせようとしているのか？

●心はあなたからどんな資質を引き出そうとしているのか？

ナタリーの心は完全に暗礁に乗り上げ、あらゆる言い方で彼女を〝悪い母親〟呼ばわりした。彼女の息子が亡くなった日の朝、二人は激しい喧嘩をし、彼女は彼にひどい言葉を投げつけた。

身勝手で怠け者だと罵ったのだ。それが彼への最後の言葉となった。彼女の〝悪い母親〟の物語には長年にわたる様々なバージョンがあったが、最近では最悪の非難を投げかけるようになっていた。過去のすべての記憶の中から、彼を厳しく扱い、失望させた記憶を引っ張り出して再生するのだ。彼女は錨を降ろし、物語に名前をつけ、場所を作ってやり、優しい独り言や優しい手のエクササイズを行った。また悲嘆の儀式もたびたび行い、それは非常に効果的だった。だがそれでも、心の容赦のない攻撃は止むことがなかった。

ナタリーに前述の質問をした時、彼女はとても興味深い答えを口にした。ナタリーの心は彼女を、とてつもなく深い息子への愛とつなげ、彼女が〝よい母親〟になることを望んでいた。

「あなたの心にとって」私は尋ねた。「よい母親というのはどういうものでしょうか？」彼女は一気に答えをまくし立てた。愛、優しさ、寛容、援助、信頼。

「それらは自分にとっても大切ですか？　心の奥底で、そういう母親になることを望んでいますか？」

「もちろん！」彼女は叫んだ。「でももう遅すぎますよ。あの子は死んじゃったんだから！」

質問の答えを探しながら、ナタリーは重要な〝価値〟を探り当てた。もちろん彼女は正しかった。彼女の息子は死んでしまったのだ。そして過去を変えることは不可能だ。

そこで私は聞いた。「あなたが挙げた価値、愛、やさしさ、寛容、援助、信頼は、亡くなったリチャードだけに向けるものですか？　それとも他の人々にもそのように接したいですか？」

「もちろん他の人にもそうしたいですよ」彼女は言った。「私の夫、娘、友人、両親……」

「つまり心はそれをあなたに伝えたかったんじゃないでしょうか？　こうした価値を他の人にも向けるべきだということを？　そうしたところで過去は変えられないし、リチャードは戻って来ません。あなたの苦痛もなくなりません。でも、あなたにとって大きな意味のあることだと思いませんか？」

ナタリーの顔に希望の光が浮かんだ。


ラダの場合は少し複雑だった。線維筋痛症という慢性病のおかげで、ラテンダンスやエアロビクスなど、かつて楽しんでいた多くのことを諦めねばならなかった。だが彼女にとって最も大きな喪失は、ちょっと変わった余暇の過ごし方だった。ラダは週末に、木や粘土、鉄を使った抽象的な彫刻を作るのが大好きだった。（それで生活しようと考えたことさえあった。うまくはいかなかったが。）だが不幸なことに、それは今の彼女にはあまりに難しいことになってしまった。腕や背中や首の激しい痛みで彫刻は不可能だった。ラダの心は彼女を〝哀れ〟〝虚弱〟〝役立たず〟、さらには〝無価値〟だと罵った。

「心が私を助けようとしているなんて信じられません」彼女は言った。

前に、ロバを動く気にさせるには二つの方法があることを話した。人参か棒である。私は彼女に言った。

「あなたの心はあなたを棍棒で打つことで、言うことを聞かせようとしているんでしょう。心があなたに望んでいることはなんだと思います？」

「ダンスとか彫刻とか、以前していたことをもう一度やることでしょうか」

「そうだと思います」

「でももうできないんですよ！」ラダは叫んだ。

「そう、少なくとも今はね。だからあなたを助けようとする心の働きが、障害になってしまっているんですよ。心は棒を使って打ちつけてくる。そして、現状では不可能なことを強要している。ならばひとまず棒を置いて、現在可能なことを検討しましょう。あなたの健康が許す範囲でできることを」

　ラダは同意してくれた。次のステップは、ダンスや彫刻をする動機となっていた価値をさぐり出すことだ。今の彼女にはできない行動だが、その下に潜んでいる価値を彼女に見て欲しかったのだ。その価値に従って生きることは可能なはずだ。私は質問した。

「彫刻に真剣に取り組もうという人、それを楽しみ、味わい、熟達できる人にはどんな資質が必要だと思いますか？」

「うーん、まず献身的であること、新しいことに挑戦する姿勢、集中力、粘り強さ、創造力、成長と進歩を追い求めること、現実的であること、失敗を気にせずそこから学ぶこと、でしょうか」

「そうした価値はあなたにとって重要ですか？　それらはあなたが彫刻を愛する理由ですか？」

「もちろんですよ！　でももうできないんです！」

「分かります、とても苦痛でしょう」。怒りと悲しみがなだれ込み、ラダは泣き崩れた。

私たちは錨を降ろし、やさしい手のエクササイズを行った。（立て直しの苦痛な作業において、感情の嵐が繰り返しやってくる。その時は第1部で紹介したすべてのマインドフルネス、セルフ・コンパッションのスキルを常に使おう。）エクササイズの後、私たちは再び話し合った。「あなたが言った、粘り強さ、創造力、献身、集中、成長などは、とても重要な価値なんですね」

「ええ、とても」ラダは言った。

「で、これらの価値は、たった一つの行為、彫刻だけにあてはまるものですか？　それが利用できる他の行動はありませんか？　病気がもたらすハンディキャップがあっても今日から可能な何かは？　もちろんそれは彫刻とは違うでしょう。またそれが、あなたの苦痛を追い払ってくれることもないでしょう。でも、その中に何か意味あることを見つけられませんか？」

ラダは長いこと沈黙し、深く考えていた。やがて彼女はゆっくりうなずいた。

あなたがまだ「心はどのようにあなたを助けようとしているのか」のエクササイズをしていないなら、あるいは質問をよく検討せずに手早く終わらせたなら、前に戻ってもう一度やってみて、価値を見つけ出して欲しい。

　そしてあなたの心がラダのそれのように、現状では難しいか不可能な行動を要求してくるようなら、その行動の下に隠れている価値を見つけ出して欲しい。一つよい方法は、「もし誰かがこの行動を楽しみ、味わい、より上手に行いたい場合、どんな資質が役に立つだろうか」と自問することだ。

第6章で、大きな喪失を経験した人の多くが「私は何者だろう?」と自分に問いかけると述べた。「仕事のない自分とは何者なんだ?」「パートナーのいない私とは何者だ?」「健康を損なった自分はどんな人間なんだ?」「両親のいない自分はどんな人間なのだろう?」「子供のいない自分はどんな人間として生きるのだろう?」心がそう問いかけて来たなら、それはあなたに「どんな人間になりたいか」「どんな価値に従って生きたいか」「喪失に際して、何を拠り所にしたいのか」と考えるように促しているのだ。この章のエクササイズをすれば、こうした質問に答える助けになるだろう。

覚えておこう、現時点での目標は、自分の価値を感じとることだ。次の章では、価値を行動に移す方法を見ていく。(ナタリーとラダがどう行動したかについても説明する。)自分の価値をよりはっきりさせるもう一つの方法が、〝つながり、考える〟エクササイズだ。(これは私の良き師であるケリー・ウィルソンが考案した〝スィートスポット〟という手法をヒントにしたものだ。)是非やってみてほしい。

■つながり、考えるエクササイズ　パート1　つながる

●まず錨を降ろすことからエクササイズを始めよう。

●あなたにとって重要な存在である誰かについて考えよう。あなたが気にかけている人、日常的に会う人、価値ある時間を過ごしたいと思う人だ。そして、最近二人で一緒に過ごした時

間、一緒にあなたの好きなことをした時を思い出そう。

●記憶をできる限り生々しく思い出そう。今この瞬間、それが起きているかのように。

●記憶を追体験し、感情を再生しよう。

●その時の自分の視点でそれを観察してみよう。あなたはどこにいる？　それは何時頃か？　屋内か屋外か？　天気は？　景色はどんなか？　温度はどのくらいか？　空気はどんなか？　何が見える？　聞こえる？　触れられる、味わえるものは？　匂いはどんなか？

●相手に注意を向けよう。風貌はどんなか？　何をし、何を語っているか？　声の調子は？　表情は？　体の姿勢は？　どんなふうに体を動かしているか？

●この記憶の中のあなたは何を考えているか？　何を感じているか？　何をしているか？　腕、足、口をどう動かしているか？　動いているか止まっているか？　記憶の中のあなたの体に入ってみよう。どんな感じがするか？

●この時のあなたの感情に入り込んでみよう。どんな感じがする？　自分の中に取り込み、味わってみよう。心を開き、場所を作ってやろう。この時、あなたの中に悲しみ、何かを切望する気持ち、あるいは後悔が湧き起こるかもしれない。これはよくあることだ。素晴らしいものを手にすると、ある種の痛みが生まれるものだ。思い出に浸っている時は、浮かんでくるすべての喜び、あるいは苦痛の感情に心を開き、居場所を作ってやろう。

●この瞬間を味わおう。最高に体験しよう。心の底から楽しもう。

どんな感じがしただろうか？　楽しかった？　悲しみ、あるいは苦痛が湧いてきただろうか？　その時、あなたは心を開いて居場所を作ってやっただろうか？　そしてセルフ・コンパッションの行動をしてみた？　これらはあくまでこのエクササイズの第一段階にすぎない。次の段階では、この記憶の中に入り込み、自分をよく観察し、考えてみる。

■つながり、考えるエクササイズ　パート2　考える

●今度はその記憶から少し距離をとり、テレビの画面を見るかのように観察してみよう。

●自分に注意を向けよう。あなたは何をし、何を言っている？　他の人々とどのように交わっている？　人々をどのように扱っている？　彼らにどう反応している？

●この記憶の中で、あなたは自分の中のどんな資質を発揮しているか？　心を開いている？　集中している？　興味を持っている、愛情深い、やさしい、楽しむことが好き？　遊び心に溢れている、つながっている、感謝にあふれた、正直な、現実的な、勇気ある、それとも親密な資質だろうか？

●この記憶は、あなたがなりたい人格の、どんな資質を思い出させるだろうか？

●この記憶は、あなたが理想とする、自分や他者へのどんな接し方を表しているだろうか？

●この記憶は、あなたが望むどんな人間関係、時間の過ごし方を示しているだろうか？

〝つながり、考える〟エクササイズにおいて、あなたは誰かとの深い結びつきを思い出したと思う。ここでちょっと考えて欲しい。この記憶の中で、あなたはどんなものをテーブルに置いていただろうか？　愛、情熱、興味、開かれた心、気遣いだろうか？　感謝、官能、やさしさ、興味、遊び心、ユーモア、温かさ、愛情、思いやり、正直さ、信用だろうか？

記憶の中のあなたの行動をもっともよく表す資質を三つ四つ挙げてみよう。これらの資質は、あなたが言葉や行為、行動によって自分の人生のテーブルに持ち込みたいものだろうか？　そうであればこれらもあなたの価値だ。

では、最後のエクササイズに移ろう。

■六ヶ月後の未来から今を振り返る

●まず錨を降ろす作業から始めよう。次に、六ヶ月後の未来から現在のあなたを振り返って、あなたが現実からの一撃にどのように反応したかを見てみよう。

●六ヶ月後の視点から、以下の質問のいくつか、あるいは全部に答えてみよう。（慌てる必要はない。時間をかけてよく考えよう。）

●その現実からの一撃に対し、あなたはどんな信条を貫いたか？

●一撃を受けた時、自分をどう扱ったか？

●一撃を受けた時、自分の周りの大切な人間にどのように接したか？

●様々な困難に対応している時、どんな資質を発揮しただろうか？

ここまでに、自分の価値について多少なりとも分かってきたのではないだろうか。心は時として、このプロセスを難しくしてしまうことがある。「どうしてその価値が本物だと分かるのか？こういう価値を持っているべきだと思ったから選んだだけではないか？」などと考えてしまう。心がこういうトリックを仕掛けてきたら名前をつけてやろう。「おっと、心の分析ぐせが始まったぞ」「私は自己不信の思考を持っている」「また優柔不断が現れたな」。〝分析による停滞〟に捕まる代わりにいくつかの価値を選んで試し、結果を見てみよう。次の章で紹介するやり方で価値を使ってみると、自分自身について多くのことが分かる。また、今持っている価値が本物かどうかもすぐに判別できる。

■価値、関係、意味

人生というのは複雑で巨大な関係性のネットワークだと考えてみよう。ここでの〝関係性〟とは、人や物との関わり方のことだ。この意味でとらえると、〝自分自身との関係〟や、〝自分の思考や感情、記憶との関係〟、〝自分の体との関係〟、〝家族、友人、隣人との関係〟、〝仕事や余暇との関係〟、〝自分を取り巻く物理的な環境との関係〟、〝自分を取り巻く無生物、電話、コンピュータ、食物、水、ベッド、生活の場などとの関係〟等がある。

人生を立て直すためには、今までの関係性や自分に出来ることを見直し、可能な限り健全なものにしなければならない。私たちは時々、「人生に意味なんてない」「人生の目的がない」「人生なんてこんなもの」などの物語を信じてしまうことがある。だが、人生を意味と目的で満たすために、あらゆる瞬間に私たちがすべきたった一つのことは、誰かとの、あるいは何かとのより良い関係を選択し、それらをより健康的で充実させる行動をすることだ。具体的にはどうすればよいか？　今この瞬間に人生がテーブルに並べているものに気づき、自分もそれにふさわしい価値をテーブルに置くことだ。

　たとえば、あなたの知り合いに、ただ迷惑で、人々に悪態をつき傷つける、周囲への配慮や心遣いなどかけらもない人間がいたとする。あなたは自己主張、勇気、公正さ、自尊心、自己防衛、自立心などの価値をテーブルに並べ、これらをガイドとして自分を防御し、ケアし、その人物からの攻撃を弱め、相手から受けるダメージを防ぐだろう。（これには彼らとの接触を減らしたり、付き合いを断つことも含まれる。）同様に、あなたに何らかの自滅的な行動（愛する人々を避ける、あるいは喧嘩をする等）や、過剰になると健康によくないもの（タバコ、アルコール、ジャンクフード等）を摂取する習慣がある場合、それを止めるためにセルフ・アウェアネス（自己受容）やセルフケアの価値をテーブルに置くだろう。

　あなたの知り合いに温和で気遣いのある人がいたとする。あなたがテーブルに置くのは感謝、称賛、愛、優しさ、信頼などだろう。もし人生を豊かに広げてくれる行動（愛する人とつながる、楽しむ、音楽を聞く、本を読む、趣味や興味を追求する等）があるなら、あなたは注意、集中、興味、開かれた心、好奇心、熱中、感謝などの価値をテーブルに置くだろう。

　多くのセルフヘルプ（自助）のアプローチは目的、つまり人生や人間関係から何を得られるかに焦点を当てている。一方、価値はそれとはまったく異なる。価値は私たちが人生のどんな側面に寄与したいか、人間関係に何を持ちこみたいかについてヒントをくれる。目的については後ほど見ていく。なぜならそれはとても重要だからだ。人生から何一つ得たいと思わないし得る必要もない、などという素振りをするつもりはない。しかし今のところは価値にフォーカスし、それをテーブルに置いた時に何が起こるかを見ていこう。一例として、あなたとこの本の関係を見てみよう。本書を読みながら、あなたはオープンな心、熱意、興味、集中、熱中などの価値を持ち始めているだろうか？　そして、それらは何らかの変化をもたらしているだろうか？　今まで、何かの本を読みながら、熱心さ、好奇心、集中、熱中などの価値を持ち込まなかったことはあるか？　あるとしたら、その時何か得るもの、満足感はあったか？　それとも時間の無駄だったか？

　もう一つ、〝つながり、考える〟のエクササイズを例に取ろう。過去に戻った時、あなたは人間関係を積極的に高める価値を使った。では、私たちはどのくらいの頻度で、それとはまったく異なる価値、たとえばもっとも愛する人々に対して攻撃、冷淡、不公平、無関心、回避などを持ち出すだろうか？　そしてそれらの価値をテーブルに置いた時、その人間関係に何が起こるだろうか？

　最後の例として、本書の第1部に戻ろう。自分との関係において、手厳しい、不親切、批判的、冷淡などの価値を用いたらどうなるか？　あるいは別の価値、優しさ、寛容を持ってきたら何が起こる？

　自分の価値を知っておくことのメリットは、人生をより意味あるものにできることだ。崇高な理由や人生の使命を見つけるまで待つ必要はない。私たちはあらゆる関係に価値を持ち込むことができる。誰にでも何にでも、いつでもどこでも。次の章ではそのやり方を見ていく。だがその前に、次の言葉について考えて欲しい。カナダの詩人、ヘンリー・ドラモンドの引用である。

「人生を振り返る時、あなたは知るだろう。真に生きたと思える瞬間は、あなたが愛の心で何かをした時であると」

第14章　小さな一歩

次の言葉を聞いたことがあるだろうか？　「大切なのは気持ちだよ」。

ちょっと考えてみよう。あなたにとってより意味があるのは次のどちらだろうか？

「誰かがあなたに誕生日のプレゼントを買うことを考えた」

「誰かがあなたのために誕生日のプレゼントを買った」

次のどちらの場合、あなたは法に触れるだろうか？

「あなたは犯罪を犯すことを考えた」

「あなたは実際に犯罪を犯した」

あなたの子供にとって意味があるのは以下のどちらか？

「あなたは、愛に溢れた面倒見のよい両親になろうと考える」

「あなたは、愛に溢れた面倒見のよい両親である」

次のように言った子供はいない。

「お父さんはいつも自分勝手で僕が必要とする時はいつもいないけれど、時々もっと優しく寛大になることを考えていて、だからお父さんが大好きさ！」

真実を見つめよう。大切なのは考えることではなく行動なのだ。これは幸いなことだ。そうでなければひっきりなしにトラブルに巻き込まれる。今までの人生で、怒りや復讐心、誰かを傷つけたいと思った時のことを思い起こそう。攻撃的な暴言を投げつける、ひどくこき下ろす、復讐する等。あるいは、パートナーと別れる、仕事を辞める、今の人生から逃げ出す等の考えが頭をかすめたことがあるだろうか？　私たちは、公言するのをためらうような思考をたくさん抱えている。これらの思考が行動と同じに扱われたら、私たちの人生はどうなるだろう？

人生は思考ではなく行動によって作り上げられる。最近の私のクライアントに、退屈で冴えない、誰でもできる仕事をやめて心理学者になる勉強をしようと真剣に考えている人がいた。問題は、彼がそれを真剣に、十年以上考えていることだった。彼はいまだに何の行動も起こしていない！　彼はあなたや私に似ていないだろうか？　私たちはあまりに長い時間を、この星で何をしたいか考えることに費やす。だが実際の行動には十分な時間をかけないのだ。

もちろん、私たちが「大切なのは気持ちだね」と言う時、そこには裏の意味がある。誰かの気分を慮っているのだ。私たちは彼が、重要なことを実行していないのを後ろめたく感じていると思っている（あのプレゼントを買うべきか、等）。私たちは彼をそうした囚われから解放したいのだ。この次こうした状況に遭遇したら、同じ意図でももう少しピュアで思いやりのあることを言おう。「まあ人間だから仕方ないね。僕も同じようなことをしてしまうよ。でもそんなのは大したことじゃない」。

そして、この次あなたが人生で大事なこと、意味あることについて考える時も、次のように問いかけよう。「今できる小さな一歩は何だろう？　状況を変えるための一番単純で簡単な行動はどんなことだろう？」結局、自分の望む人生を生きるためには思考に数百時間を費やすよりも、どんなにささいなことであっても行動することが重要なのだ。

ここで役に立つのが価値である。二つのシンプルな問いかけをしよう。

・今、最も大切な関係は何か？
・どんな価値をテーブルに置くべきか？

いくつかの例でもう少し詳しく見てみよう。今のあなたにとって最も重要なのはあなたと体の関係だとしよう。あなたは開かれた心と好奇心をテーブルに置くことができるだろうか？　今現在体がしていることを意識できるだろうか？　それはどんなふうに動いている？　どの部分が緊張し、どの部分がリラックスしている？　強い部分、弱い部分はどこか？　体をうまく働かせる要素は何か？　働きを鈍らせるのは何か？　ストレッチやエクササイズ、よい食事、よい睡眠、体を休ませる、新しいスキルを覚え込ませる、公園を散歩する等で、体にやさしさと気遣いを与えることができるか？

あなたにとって心との関係がもっとも重要だとしたら、ここでも開かれた心と好奇心をテーブルに置けるだろうか？　心が今何をしているかに注目しよう。何か役に立つことをしているだろうか？　それとも夢想をしているだろうか？　何かを思い出したり、心配したり、考えたり計画したりしている？　心を気遣い助けになりたいなら、それを休ませてやることができるだろうか？　それとも何か新しいスキルを教えてやるだろうか？　新しい本や音楽、映画などを見せてやるだろうか？

今のあなたが最も大切にしている関係が、芸術、あるいはスポーツ、趣味、仕事、勉強だとしよう。あなたが興味や注意力をテーブルに置いたらどうなるだろう？　その作業に意識を完全に集中させ、情熱、興味、勇気、創造性、気遣い、忍耐力を振り向けたら何が起こる？

大切な関係が人間とのものである場合も、それがあなたのパートナー、子供、親、友人、隣人、教師、学生、指導者、お客、雇い主、同僚等、誰であろうとやはり同じ質問が当てはまる。あなたはどんな価値をテーブルに置きたいか？　集中し、好奇心に満ち、注意深く、心を開き、気遣いをもって臨むか、あるいは興味を示さず上の空で、心を閉じ無関心でいるか？　もし前者ならできることはたくさんある。相手の表情、声の調子、姿勢などに注意を向ける、あるいはじっくり言葉を聞く等だ。あなたは相手の感情、思考、信条、態度、先入観などにも興味を持つかもしれない。相手の世界や相手が必要としているものを理解したり、やさしさや気遣いの行動をするかもしれない。

もちろん相手があなたを傷つける態度をとる場合、〝関係〟の優先順位を変える必要がある。何よりもまず、自分の健康と幸福を最優先にすべきだ。つまり、自分を守り必要なものを得るための行動をするのだ。それでも相手の態度が変わらなかったら、関係を断つことも考慮しよう。（もちろんいつもそれが可能なわけではない。また可能であってもそれがベストの選択だとは限らない。たとえば、愛する人の看病をしているが、相手は病気のせいで気が立っている、などだ。）どちらの場合でも、相手との関係が続く場合、あなたは自分をケアすることを優先すべきだ。

前の章で、あなたは自分の価値とつながったと思う。ここでの課題は価値を行動に変えることだ。価値をテーブルに置くために、自分に、あるいは他者に向けてあなたはどんな発言をするだろうか？　あなたの価値を行動に移すために、腕や膝、手足、表情、姿勢、声をどのように使うだろうか？

■レンガは一つずつ積む

前の章で、レンガは一つずつ積む、という話をした。このアプローチは喪失の後の人生を立て直すプロセスでも有効だ。そうすれば、それに圧倒されてしまうことがないからだ。これを踏まえて人生の四つの分野、〝仕事と教育〟〝家族と友人〟〝遊び・娯楽〟〝健康と幸福〟について考えてみよう。毎週ひとつのカテゴリーを選んで積極的に働きかけることをお勧めする。

仕事と教育のカテゴリーは、給与をもらう仕事、ボランティア、あらゆるタイプの勉強、トレーニング、学びを含む。〝家族と友人〟は、子供、両親、パートナー、親戚、友人、その他あなたが深く気にかけている人々だ。遊び・娯楽はあなたの趣味、興味、創造性の追求、見る、あるいはするのが好きなスポーツ、その他リラックスし休息するための行動を指す。

健康と幸福とは、肉体的、感情的、精神的あるいは心理的な健康と幸福のためのすべての行動を指す。（言うまでもなくこれらのカテゴリーは互いに重複し、完全に分離してはいない。これは人生の様々な側面を見るための便宜的な区分けに過ぎない。幸いなことに、それぞれの区分が重なっていることで、いわゆるドミノ効果が起こることがある。ドミノ効果とは、ひとつの分野に働きかけると他の分野にも効果が現れる現象だ。）

働きかける分野を選んだら、テーブルに置く価値を二つ三つ選ぼう。（四つか五つでも構わない。だがそれ以上になると憶えておくのが大変だ。）次に、選んだ分野でその価値に従ってどのように生きるかを考える。どんな活動を始めたいか？　現在行っている活動をどのように変えたいか？　どんな行動をしたいか？　どんな発言をしたいか？　自分や他者、世界とどのように接したいか？

アントニオが選択したのは家族と友人のカテゴリーだった。彼は特に妻のキャシーとの関係を重視していた。彼が選んだ価値は〝やさしさ〟〝理解〟〝開かれた心〟だった。彼は深酒もボーッとテレビを見ることも、口論もやめた。純粋なやさしさを持ってキャシーの話を聞き、彼女が泣いた時は抱きしめた。夜、二人で長い散歩に出かけ、悲しみについて包み隠さず正直に話し合った。これでアントニオの悲しみと苦痛が去ったわけではないが、自分に正直になること、心の底で望んでいた理想のパートナーになることはできた。

シャンティも家族と友人のカテゴリーを選んだ。価値は〝勇気〟〝開かれた心〟〝正直さ〟だった。彼女は少しずつ、家族や友人とのつながりを取り戻していった。それは非常に勇気のあることだった。とてつもない恥ずかしさと不安とに立ち向かわなければならなかったからだ。また彼女は、正直でオープンになることを選択し、感情を隠して幸せなふりをするのをやめた。愛する人々が、優しく理解があることが分かったのは彼女自身にとっても驚きだった。

不幸なことに、何人かは彼女を援助しなかった。そして呆れたことに彼女の母親は夫の浮気についてシャンティを責めた。「あなたがもっとよい妻だったら彼が浮気をすることもなかったわ」。そこでシャンティはセルフ・コンパッションと自己防衛の価値を持ち込んだ。母親と一緒にいることを極力避け、彼女が毒づいている時は自分自身に優しく接し、愛と成長をもたらしてくれる人々と一緒にいる時間を増やした。それで悲しみや怒り、つらい記憶が追い払えたわけではないが、人生を取り戻した感覚が芽生えたことは確かだ。

職を失ったデイブが選んだ分野は当然、〝仕事と教育〟だった。価値は〝忍耐〟〝粘り強さ〟そして〝責任〟だった。彼は一日に八時間、職を得るための活動か、求職に役立ちそうなスキルと知識を身につける勉強に励んだ。履歴書を書き仕事を探し、求人に応募して面接に行くなどの退屈な作業は、価値に沿った生き方をするチャンスをたくさん与えてくれた。毎朝こうした楽しくない（そしてもちろんタダ働きの）仕事をこなしながら、彼は錨を降ろし、自分の価値、「忍耐、粘り強さ、責任」をマントラのように繰り返し唱えた。それでも作業は簡単にも楽しくもならなかったが、力は湧いてきた。仕事探しの辛さや面倒から逃れることはできなかったし、また就きたい仕事につける保証もなかった。だが彼は自分の態度を貫き、困難の中で、テーブルに置くべき価値を選択することができた。

ナタリーは〝健康と幸福〟の分野を選んだ。価値は〝セルフケア〟と〝自分への優しさ〟だった。

彼女は毎日〝やさしい手〟のエクササイズをし、〝自分は悪い母親〟の物語から逃れようと頑張った。リチャードが死んでから、彼女は不健康なほど痩せてしまっていた。そこで彼女はセルフケアの価値に従い、空腹でない時でもカロリーを摂取するためにプロテインのシェイクを飲み始めた。それで息子が戻ってくるわけでも、喪失の苦悩が減るわけでもなかったが、混沌とした生活に多少のコントロールを取り戻すことができた。そしてかつて母親として持っていた、成長と気遣いの本能が甦り始めた。

ラダが選んだのは〝遊びと余暇〟の分野だった。価値は〝創造〟〝忍耐〟〝開かれた心〟だった。（特に新しい物事への挑戦や、失敗から学ぶことに心を開いた。）彫刻やダンスは無理だったが、これらの価値を満たすものを彼女は見つけた。まずストレッチと筋肉強化のエクササイズで色々試し、スローテンポの静かでリズミックな音楽に合わせて、ミニマリストの超スローモーションのダンスのように行う独自の方法を編み出した。ラテンダンスには程遠いが、彼女の価値である創造性、開かれた心、忍耐に沿って生きることはできた。（そして毎日の理学療法もずっと面白くなった。）また彼女は高校以来していなかった創造的な活動、鉛筆画も始めた。これも彫刻とはかけ離れていたし、生来の才能を持ち合わせているわけでもなかったが、学びを受け入れ創造的になることで満足感は得られた。

さて、次はあなたの番だ。少なくとも来月一ヶ月間、毎週ひとつ、人生の一分野を選んでやってみよう。（毎週同じ分野を選んでも構わない。変えたくなければ変えなくてよい。）そして二つか三つの価値を選ぼう。（多くても五つまでにしておこう。）そしてそれらを自分の行動に積極的に活かしていこう。

自分の行動をどう変えればよいか分からない場合、今のまま続けよう。だが行動をする時、自分の価値の〝特色〟を持ち込む機会を見つけよう。たとえばあなたが家族と友人の分野を選び、温かさと遊び心を価値としたとする。愛する人のそばにいる時、二人のやりとりや行動の中に、温かさと優しさを散りばめてみよう。あなたの表情や声の調子にそれを込めてもいい。

ちょっとした瞬間にこうした要素を持ち込むだけでなく、自分でも味わおう。起こった変化に気づき、楽しもう。自分が本当に望む通りに振る舞うと何を感じるかを体験しよう。あなたにとって、それはどんなものだろうか？　あなたが気遣っている人々にとって、それはどんな体験だろうか？　より意義深く、より幸福な人生になっただろうか？　この方向をさらに追求したいだろうか？　生活に価値を持ち込み、その結果を味わってみよう。

■価値を持ち込み、味わう

ラダがスケッチを、デイブが職探しを始めたように、新しいことを始める場合でも、あるいは以前のままの生活を続けるつもりでも、自分の価値を生活に散りばめてみよう。ひとつの方法として、一分ほどでできるシンプルなものがある。一日一回か二回、錨を降ろすエクササイズをし、その後の数時間、テーブルに置きたい価値を二つか三つ選ぶ。（毎回同じものでもよいし、毎回変えてもよい。）そして機会を捉えて自分の行動にそれらの価値を持ち込もう。

このエクササイズでは柔軟になろう。選んだ分野だけに集中する必要はない。他の分野に自分の価値を使ってもまったく構わない。また、選んだ以外の価値（朝に決めた価値以外のもの）を使う機会があればそうしよう。そしてどうかためらわずにやってほしい。自分の体験に価値を持ち込み、その結果を味わってみよう。

第15章　問題に対処する

立ち尽くして水面を眺めているだけでは、海を渡ることはできない。
——ラビンドラナート・タゴール

人生はやさしく、また残酷である。それは驚嘆すべきものや恐ろしいものを次々持ってくる。開業医だった頃、私は人生の不幸を背負った人々にたくさん出会った。火事でひどい傷を負った子供、不治の病に冒された赤ん坊。病魔のせいで力を発揮できなくなった有能な人物、認知症によって朽ちていく優秀な頭脳。暴力や災害の犠牲となり、損なわれ変形した肉体。レイプや拷問の果てに国から逃れ、新たな人生を始めようとする、あるいは家族の大部分を失いそれでも再出発しようとする難民。愛する者と死別し、悲しみに泣き叫ぶ人々、死産した赤ん坊を抱きしめて錯乱状態の母親たち。水膨れの皮膚を抱えた男性。骨が砕け、出血している女性。盲目の人、耳が不自由な人や体が麻痺している人。重い病気の患者や亡くなった人。

そして、こうした苦痛の最中で勇気ややさしさ、思いやりを見ることもあった。お互いに手を差し伸べ助け合う人々、危機において絆を強めた家族、互いの手を握り合う友人、隣人。死に瀕して尊厳を保ち、傷ついた心から愛情を注いだ人々もいた。忍耐と成長によって、粉々になった人生を徐々に立て直した親たちも目撃した。

目をそむけるような危機が私たちの心を開き、心の内部を探究させ、自分が何で出来ているかを見つけられることがある。もっともそうなるまでには時間がかかる。また、心の状況は毎時間、毎日、毎週変わっていく。人生を投げ出したくなったり、実際そうする事もあるかもしれない。すべてが手に負えず逃げたくなる時もある。

これは当然予想される、ある意味自然な反応だ。現状から抜け出すために私たちはあらゆるものを使う。映画、音楽、酒を飲む、薬物を使う。少しの間の慰めであっても大いにホッとする。だが逃避ばかりの人生は幸福にはつながらない。また、常に現実に戦いを仕掛けているとすぐに疲れ切ってしまう。強烈な現実からの一撃から立ち直るための最良の選択は、今この瞬間に心を開き、心の底にある真に重要な何かに従って生きることだ。そのためには、私が次のように名づけた方法が利用できる。

■困難への処方箋

私たちが直面する問題がどんなに大きくても、私たちは無力ではない。私たちは選択することができる。もっとも困難な状況であっても、常に二つか三つの選択肢があるものだ。

1. 離れる

2. 問題を遠ざけず、自分の価値に従って生きる。改善につながりそうなことは何でもする。避けようのない苦痛には居場所を作ってやり、自分にやさしく接する。

3. 問題を遠ざけないが変化を起こす行動はせず、時には悪化させるような行動をする。

1の選択肢、〝離れる〟はいつも可能なわけではない。あなたが刑務所や難民キャンプにいるとしたら、そこから離れることはできない。重い病や愛する者の喪失等からも逃げることはできない。問題は常について回る。だが離れることが可能な場合もある。その場合は慎重に検討しよう。たとえばあなたに害を及ぼす人間関係やひどい仕事、暴力的な隣人などがいる場合、次のように考えてみよう。この状況から離れることで、人生はよりよく意味あるものになるだろうか？状況から離れられない、離れるつもりがない、または離れるのはベストの選択ではないと判断した場合、あなたにできるのは2か3だ。残念ながらほとんどの人は3、問題を遠ざけないが改善しようとはせず、むしろ悪化させるような行動をする。困難な状況では、私たちはすぐに苦痛の思考や感情に囚われ、現状を変えず、時には悪化させるような自己破滅的な行動パターンに追い込まれる。薬物やアルコールを過剰に摂取したり、愛する人と喧嘩したり距離を置いたり、人生の重要な側面を無視したり、その他あらゆる自己破滅的な行動をすることもある。（私自身そうなることがある。恐らくあなたもそうだろう。）

よりよい人生につながる道は2、〝問題を遠ざけず、自分の価値に従って生きる。改善につながりそうなことは何でもする〟である。それでも、困難な状況の中で幸福を感じるようにはならないのは言うまでもない。苦痛の思考や感情がつきまとってくるのは避けられない。なので、2の選択の後半、〝苦痛に居場所を作ってやり、自分に優しく接する〟が重要になってくる。本書の第1部で、苦痛の思考や感情、記憶に居場所を作ること、それらのパワーを軽減すること、それらが心の中で暴れ回ることなしに存在するのを許すこと、真の優しさをもって苦痛に接すること等にかなりの時間を割いたのはそのためだ。

ネルソン・マンデラの人生は困難への対処のすばらしい例だ。マンデラは二十七年もの間、南アフリカ政府によって刑務所に閉じ込められていた。なぜか？　彼が政府の人種差別政策、アパルトヘイトに反対し、自由と民主主義のために戦い続けたからである。彼の場合、選択肢1は選べなかった。刑務所から出ることは不可能だったからだ。彼が選択したのは2だった。苦痛の感情に居場所を作り、自由・平等・平和のために戦うという自らの価値に沿って生きた。ロベン島刑務所での最初の十七年間、マンデラは石灰岩の石切場で過酷な労働を強いられた。だが彼はこの状況をうまく利用した。彼は平等と民主主義には教育が必須だと知っていた。そこで彼は石切場のトンネルの中で秘密の会合を開き、囚人が互いに知識を教え合う場を作った。（それは後に〝マンデラ大学〟として知られることになった。）

マンデラの物語の中でも際立っているエピソードは、刑務所での生活が二十二年を過ぎた一九八五年、南アフリカ政府が釈放を提案した時のものだ。彼はそれを蹴飛ばしたのだ！　釈放の条件が、今後は自分の意見を口にせず、アパルトヘイト反対の発言を控える、というものだったからだ。この条件を呑むことはマンデラにとって自分の〝基本的価値〟を放棄することだった。彼は刑務所に留まることを選んだ。条件なしに釈放されるにはあと五年刑務所で過ごす必要があった。この強烈な現実からの一撃を受けながらも、彼は自由、民主主義、平等のために戦うことに幸福を見出していたのである。マンデラのケースは極端かもしれない。だが〝困難への対処の処方箋〟は誰にでも実行可能で、どんな状況でも有効だ。もし問題から離れられない、あるいは離れるつもりがない場合でも、価値に従って生きることは可能だ。前進するためにできることをし、必然的に起こる痛みには、居場所を作ってやれるのだ。

　第1章で、私がＷＨＯの依頼で世界中の難民キャンプで使用するためのＡＣＴプログラムを作成したことに触れた。このプログラムは主に音声によるもので、小グループの難民の人々に聞いてもらった。音声ではＡＣＴのコンセプトを説明し、その後に本書で紹介したようなエクササイズをしてもらう。〝困難への処方箋〟は一番最初の練習で行う。彼らは、難民キャンプを離れることはできない。従って1の選択肢はない。だが2と3はあり得る。たとえば、一緒にテントをシェアしている人々に、優しく、温かさと寛容をもって接することはできる。逆に、攻撃的に、冷淡さと敵意で対応することもできる。そしてその選択は、あなたのテント内での体験に影響を与える。テントの外でも同様だ。他のテントの人々に温かく接することは可能だし、距離をとって冷たく振る舞うこともできる。歌や祈りの会などのコミュニティー活動に参加することもできれば、背を向けて一人でいることもできる。あなたが2、「問題を遠ざけず、自分の価値に従って生きる。改善につながりそうなことは何でもする。避けようのない苦痛には居場所を作ってやり、自分にやさしく接する」を選ぶことが多いほど、キャンプでのあなたの生活のクオリティーは上がる。

■現実的であれ

2の選択肢では、現実的であることが重要になる。あなたが刑務所か難民キャンプにいる場合、あるいは重い病や怪我を負っている場合、できないことはたくさんある。できないことに過剰な注意を向ければ、惨めになることは間違いない。できることに集中する方がはるかに賢い。ラダの心は、それが現実的でないにもかかわらず、彫刻とダンスに興味を向けていた。それは彼女を落ち込ませるだけだった。だが彼女ができることに注意を向け、別の方向に価値を活かすようになると、人生の満足度はずっと高くなった。

私たちの心は、自分が持っていないもの、できないことを指摘するものだ。それは異常なことではないし、止めることもできない。だが逃れることはできる。「おっと、また〝お前には無理だ〟の物語だな」「自分にないものを挙げつらう心だな」「〝できないこと〟の思考が現れたぞ」。それがどんなに苦痛かを認め、こうした苦痛に心を開き、居場所を作ってやり、自分に対して優しくふるまう。そして自分の価値に戻り、それに従って困難と向き合う。

さて、ここまでは主に小さなステップ、習慣に対する小さな働きかけや変化について見てきた。現実からの一撃の後に人生を立て直す時、私たちはこうした小さな変化を積み重ねていく。大きな目標を設定すると、裏目に出ることがある。ほとんどの人は、それを達成するための十分な時間やエネルギー、そしてその他の必要な資源を持っていない。結果、目標に圧倒され諦めてしまうのだ。だが小さな変化ならずっと簡単で続けやすい。そして時間とともに大きな効果を表す。また、時には目標の設定が必要になることもあるが、その場合でもあくまで現実的なものにすべきだ。効果的な目標を設定するのはコツがいる。そしてほとんどの人は最初はうまくできない。目標設定について助けが必要な場合、付録Cを参照して欲しい。段階を踏んでそのプロセスを説明している。そして一度目標を設定したら、次のステップは行動だ！

目標を達成できるかどうか前もって知る方法はない。しかし、すぐに行動を始めることは可能だ。そして行動することで、人生を漫然と生きる代わりにパワーがみなぎり、人生を慈しむ気持ちが現れる。

■喜び

クライアントに〝困難への処方箋〟をやってもらうと、ほとんどの人はエネルギーがみなぎるのを感じ、自分に選択肢があることに気づくようになる。だが時には強いネガティブ反応を示す人もいる。大抵は怒りと不安の入り混じったものだ。なぜそうなるのか？　このエクササイズがとても重荷に思えるかららしい。〝困難への処方箋〟は、私たちは選択することができ、従って自分の行動に責任があるという事実を突きつけてくる。選択3の〝自分にはできることがない。だから挑戦せずに諦めた方がいい〟という考え方は私たちを責任から解放し、一時の安らぎをもたらしてくれる。しかし、その安らぎは長続きしない。しばらくすると私たちのエネルギーを奪ってしまう。私たちのバイタリティーは、選択肢1や2、つまり立ち上がることによってしか得られないのだ。ただし、それらを選んだとしても、そこに〝積極性（やる気）〟がないとバイタリティーは得られない。

〝積極性〟とは何か？　心理学者のハンク・ロブは以下のように説明している。あなたが誰かに映画のチケットの代金二十ドルをあげるとしよう。あなたは不機嫌に、嫌々渡すこともできれば喜んで差し出すこともできる。どちらの場合も二十ドル渡すことには変わりない。そして、不機嫌よりも喜んで渡す方が、あなたの経験は幸福なものになる。

なので、行動を起こす場合は喜んで積極的に行おう。「他に選択肢がない」「こんなことやりたくないのに」「こんなことしなくてもいいのに」「こういう運命なんだ」「やらなきゃいけないんだ、義務なんだ」等の考えに囚われたまま行動すると、それらを重荷に感じ、パワーを削がれて消耗してしまう。価値においては、「〜しなければならない」「〜でなければならない」「〜であるべき」「〜が望ましい」はあり得ない。これらの言葉は価値を人生を消耗させるルールに変えてしまう。

では、ルールと価値をどうやって見分けるか？　ルールにはしばしば、「正しい」「間違い」「良い」「悪い」「すべきだ」「すべきでない」「〜であるべき」「必ず」「義務である」「〜でない限り」「〜であるべきだ、何故なら」「〜になるまでできない」などの表現が使われる。ルールはあなたにどう生きるべきか、行動に関して〝よい・悪い〟を教える。一方価値は、教えることはしない。それは単純に、あなたが日々どういう性質の行動をしたいかを言い表したものだ。従って、「汝殺すなかれ」はルールだ。それはあなたにすべきこと、すべきでないこと、正しいこと、間違ったことを教える。そしてこのルールの下に横たわっているのが（人間の命への）気遣いと尊敬という価値である。愛情深いことがあなたの価値だとして、それは「自分はどんな時も常に愛情深くなければならない！」のようなルールとは明らかに違う。優しく振る舞うという価値は、「常に優しくなければならない。たとえ人々に邪険にされた時でも」というルールとはかけ離れている。「効率的であれ」という価値は、「完璧にできなければ意味がない」というルールとはまったく別物だ。

もちろん価値を使って自分を導くためのルールを設定することはまったく問題ない。だがそれらが同じものではないことは確認しておく必要がある。価値は私たちに自由の感覚をもたらす。それに従って様々な行動が可能だからだ。一方、ルールが私たちにもたらすのは制限と責任だ。ルールは時に私たちを圧迫し、選択を制限する。優しく寛大であるという自分の価値とつながり、それに従って誰かを助けることを想像してみよう。次にこれを、「これは正しいことだ」、あるいは「借りを返すべきだ」「これは義務だ」「しないわけにはいかない」等、自分のルールに従うために助けた場合と比較してみよう。価値から来る動機は私たちを解き放ち、エネルギーをくれるが、責任は私たちを制限し、疲弊させ、時に重荷となってしまう。

なので、もしあなたが行動することで消耗し、重荷に感じ、腹が立ってくるようなら、ちょっと小休止して自分がどんな役に立たない物語に囚われているのかを見てみよう。そしてその物語に名前をつけ、錨を降ろしてそれから逃れよう。それが済んだら自分の価値に戻り、自分には選択肢があることを確認する。あなたは何かのために行動を起こしてもいいし、起こさなくてもいい。義務はまったくないのだ。大事なことは、喜んでしたいか否か、だけだ。自分に尋ねよう。現実からの一撃に直面して、私は価値に基いた行動をしたいか？　喜んで痛みに場所を空け、価値の行動をしたいか？

第16章　うらみの監獄

あなたはうらみの感情に囚われたことがあるだろうか？　それは多くの人が経験しているものだ。特に大きな現実からの一撃の後には。私たちは他者に失望し、うらみを持つ。彼らは私たちを不当に扱い、気遣いを見せず、私たちより多くを得て、よりよい人生を送っているからだ。他にも理由は山ほどあるだろう。うらみは特に、〝私は不十分だ〟の物語の厄介な変化形だ。それは怒りと正義感、不公平感に満ち満ちている。

うらみの感情につかまると、ほとんどの場合、私たちはもがきながら自己破滅へと向かう。仏教では、「うらみとは、真っ赤に燃えさかる練炭を相手に投げつけようとして、それをつかむようなものだ」と言っている。アルコール依存者更生会ではこう表現する。「うらみは自分が毒を飲み、相手が死ぬことを望むようなものだ」二つに共通するのは、うらみにつかまるのは自分をさらに傷つける行為だ、ということだ。

〝うらみ（resentment）〟という言葉はフランス語の resentir、〝再び感じる〟からきている。これは納得がいく。憤《いきどお》りにとらわれるたび、私たちは過去の痛みや怒りを再び感じ、不公平・不公正感を持つ。原因となった出来事は過去のものだ。だが今それをよくよく考えるのは、痛みを再び体験することだ。怒りや不満足を反芻すると、活力が徐々に失われてしまう。

憤りによく似た物語は自己非難だ。これは憤りが自分に向けられたものと考えることもできる。心は何回も繰り返し、私たちが犯した過ちを思い出す。そして私たちは怒りと批判、あるいは罰を自分に与えるのだ。私たちは苦痛や後悔、不安、絶望、懸念を再体験する。そしてこれはどんな過去も修正することはない。また過去の失敗から学び、成長することもない。私たちが得るのはさらなる苦痛だけである。私たちは論理的・理性的にそれを分かっていながら、この習慣を続けてしまうのだ。

■許し

憤りや自己非難の解毒剤は何だろうか？　それは〝許し〟だ。だが私たちが思っている許しとは少し違う。ＡＣＴにおける許しとは、忘れることではない。また、起こったことを受け入れたり、やむを得ないと考えたり、重要ではないと思い込むのとも違う。またそれは、誰かに許すことを伝えたりすることでもない。

ＡＣＴの許しの概念を理解するために、その語源を振り返ろう。〝許す（forgive）〟は二つの言葉からできている。〝与える（give）〟と〝以前の（before）〟だ。ＡＣＴの許しとは、〝憤りの感情が起こる以前の状態を自分に与える〟ということだ。最近か、それともずっと以前のある時点で、とても苦痛な出来事があった。あなたが引き起こして自分を責める原因になった出来事、あるいは他人が引き起こしてあなたが彼らを責める原因になった出来事である。それ以来、あなたの心はその出来事に繰り返しあなたを引き戻し、非難や批判、葛藤を伴った苦痛を再び体験させる。

憤りが起こる以前のあなたの人生はどんなものだっただろうか？　順調な人生をフルに楽しんでいただろうか？　その瞬間瞬間を生きていただろうか？　憤りが生まれる以前の人生がそれほどうまくいっていなかったとしても、少なくとも窒息するような怒りと自己非難の霧に呑まれることはなかったはずだ。ならば、憤りの霧が現れる以前の明瞭さと自由を取り戻してみてはどうだろうか？　ＡＣＴにおける許しは他者とは何の関わりもない。それは一〇〇％、自分で自分のためにする行為だ。そしてそれはあなたに憤りと自己非難の重荷から解き放たれた人生を与えてくれる。

では、こうした許しをどのように育てればよいのか？　あなたはすでに必要な知識とスキルを持っている。心が憤りや自己非難を生む物語を作り出した時、まずすべきことはそれに気づき、名前をつけることだ。たとえば、「心が僕を攻撃しているのに気づいたぞ」「苦痛の記憶が湧いてきた」、あるいは「心が私を批判している」「自分が悪いんだ、の物語がやって来たな」でもよい。そして自分をやさしく抱きしめてやろう。それが自分の、あるいは誰かの責任であろうとなかろうと、確かな事実は私たちがそれに苦しめられているということだ。自分にやさしく思いやりを持って接し、やさしく抱きしめ感情に居場所を作ってやり、現在に集中しよう。

しばしば錨を降ろすことが必要になるだろう。心は常に私たちを昔の出来事に引き寄せるため、何度も繰り返し自分を現在に引き戻し、〝今・ここ〟につなぎとめておく必要がある。現在に集中すると価値と一致した生き方が可能になり、自分の行動に目的意識を吹き込める。そして私たちは現実からの一撃に立ち向かえるのだ。

たとえば、心が行き過ぎた批判をしているわけではなく、私たちが過去に明らかな〝間違い〟〝悪い行い〟あるいは〝不注意な行為〟をした場合でも、それに対処し修正することは可能だ。アルコール依存のベトナム帰還兵マイケルは、自分の場合、修正は無理だと主張した。自分は戦争中多くの人々を殺しており、それを修復することなど不可能だと言うのだ。たしかにこれは難しいケースだ。私は彼を説得せず、代わりに言った。「自分を責め続け、酒を飲み続けて墓に入っても、過去を修正することにはならない。もちろん死んだ人々に償いをするのは不可能だ。彼らにしてやれることはない。だが、今生きている人々のために何か役に立つことをするのは可能だ。自分の人生を無駄にしても、過去の恐怖からよいものを引き出すことはできない。だが人生を他者のために使うなら、世界をよりよい場所にしようと努力するなら、これらの恐怖の物語からよきものを引き出すことができる」

マイケルにとってこれが啓示となった。もちろん繰り返しの練習は必要だったが、彼はついにこれらの自己非難の物語から逃れ、自分に優しく接することに成功した。そして彼は九ヶ月もの間、アルコール依存者更生会に参加し、酒をやめると同時に二つの慈善団体でボランティアを始めた。一つはホームレス、もう一つは難民のための団体だった。もちろんそれは、簡単な道のりではなかった。大変な努力を払い、数え切れないほどの痛みに居場所を作ってやらなければならなかった。しかし見返りも大きかった。過去を変えることはできなかったが、現在を有意義に変えることには成功した。そして彼の人生はずっと幸福なものになったのだ。

私たちは時々自己非難につかまるが、それはマイケルのほどドラマチックではないだろう。私たちのほとんどは、誰かを殺した経験はない。だが、だからといって背負っている荷物が少ないわけではない。ポイントは、自分にやさしく接する練習をすることだ。（たとえ心が「お前はそれに値しない」と言う時でも。）自分にちょっとしたやさしい言葉をかけるだけでも効果がある。「私は人間で、この星の他の人々と同様、間違いを犯す。ものごとを台無しにし、間違える。これは人間として避けられないことだ」。そしてやさしい手を自分の体に当て、痛みに息を吹き込み、その苦痛を認めてやろう。自分を罰することは何の益もないことを忘れてはいけない。バイタリティーは価値に沿った行動を起こす時のみ現れる。被害を修復したり状況を変えたり等、改善できることがあれば、そうするのは意味がある。だができることが何もなければ（あるいは気が乗らなければ）、エネルギーを人間関係に振り向け、人々と触れ合い、気遣いと貢献の行動をしよう。これらは自分に対するやさしさの行動なのだ。

では、誰かが〝悪い行い〟をした場合はどうすべきか？　その状況や、私たちが望む結果によって様々な対応が考えられる。裁判に持ち込むか、意義を申し立てる等、そうしたことが二度と起きないように断固とした態度を取ることもできる。連絡を絶ってしまうことも可能だ。あるいは将来再びこうした人々と対する時に備えて新しいスキルを覚えるのもいいかもしれない。たとえば自衛の技や、自己主張、コミュニケーションのスキルを習得したり、〝気難しい人々といかに付き合うか〟などのクラスに出てみるのもいい。何かの団体に参加したり、嘆願書を提出したり、デモに参加したり、資金を集めたり、法律を変える活動を援助したり、社会を改善して世界をよりよい場所にすることもできる。あるいは、〝過去の出来事〟だと割り切って、〝今・ここ〟の人生の再構築に専念することも可能だ。

許しは以下の四つのステップからなる。錨を降ろす、物語から逃れる、自分をやさしく抱きしめる、態度を決めて行動する、だ。許しの素晴らしいところは、それをするのに決して遅すぎることはない、という点だ。

第17章　遅すぎるなんてことはない

私にはとても信じられないことだった。決してあり得ないことだった。私の父は、彼の世代の男の典型のような人で、伝統的な子育てを行った。六人の子供に十分な衣食住、そしてよい教育を与えるために懸命に働き、家計をまかなった。とてもやさしく、自分のやり方で家族を愛していた。彼の年代（そして私の年代）の男たちと同様、愛情行動が大の苦手だった。愛情行動といってもセックスのことではない。感情表現、心理における愛情行動である。

他者に心理的・感情的な愛情を示すためには二つの要素が必要だ。

まず心を開き、ありのままの自分になる。他者を受け入れ、自分の思考や感情を隠さずシェアする。

次に相手が同様にふるまうためのスペースを作ってやる。温かく心を開いて、彼らも素のままであなたに心を開けるようにするのだ。

父は深い個人的な会話は決して望まなかった。彼が好んだのは知的なおしゃべりだった。事実や数字、知識についての知的なやりとり、映画や本、科学についての話をするのが好きだった。これ自体はとても素晴らしいことだ。私たちは何時間も楽しい会話をしたものだ。だが、私が父について深く知ることは決してなかった。心にどんな葛藤を抱えていたのか、どんな希望や夢を持っていたのか、どんな失敗や挫折を経験したのか、人生でもっとも重要な体験と、そこから何を学んだかなどは分からなかった。父が何を恐れ、何に怒り、どんなものに不安や悲しみ、罪悪感を持っていたのかも結局分からずじまいだった。私は彼の内面について実質的に何も知らなかったのである。

七十八歳の時、父は肺がんを患ったが、私にそのことを告げなかった。診断についてまったく知らないまま、私は六週間の海外旅行に出かけた。出発する前の父は豊かな白髪だった。だが帰ってみると完全なはげ頭になっていた。それでも彼は、化学療法で髪を失ったことを私に言わなかった。彼は、自分で頭を剃ったのだ、その方がファッショナブルだし若く見えるから、と言った。私はそれを信じた。

彼が衰え弱々しくなると、真実がはっきりしてきた。だが父はその時でさえ、がんとその治療、そして感じている恐怖について語りたがらなかった。私がそれについて口にすると、父は話題を変えるか黙り込んでしまうのだった。

彼の余命がどのくらいかも知らないまま、私は自分にとって父がどんな存在かを語った。どんなに父を愛しているか、自分の人生にどんな役割を果たしてくれたか、父からどんな影響を受けたか、一番役に立った教え、そして最高の思い出などを話した。だがそれも、父にとっては居心地の悪い会話だった。特に私の目に涙が溢れているのが嫌だったらしく、すぐに話を打ち切った。

彼は奇跡的に回復した。私は、死に近づいた体験が父の心を開いたことを期待したが、それは失望に終わった。父は以前と同じように閉鎖的だった。

三年後、八十一歳の父を心臓麻痺が襲った。冠状動脈にいくつか大きな血栓ができ、切開手術をしなければならなくなった。それは極めて危険な手術だった。手術の直前になって、私はもう一度、自分にとって父がどんな存在かを伝えようとした。涙がとめどなく溢れた。愛と悲しみの涙だった。だが、父はこの時も心を閉じた。彼はうつむき、おごそかに言った。「静かにしろ、涙を拭け」

父はまたしても生き延びた。だがすっかり弱ってしまった。合併症が次々と彼を襲い、次の年のほとんどを病院で過ごすことになった。父はどんどん弱々しく衰えていった。それでも彼は私に親密な会話を許さなかった。ついに彼は、自分は十分に生きたと感じ、投薬をストップする決断をした。自身も医者だった父は、それがどういう結果になるかを知っていた。彼は自ら死を選択したのだ。薬をやめると数日間しか生きられないことを、彼は誰よりもよく知っていた。そしてこの時になっても、父は私が彼への愛とその存在の大切さを口にすることを許さなかった。

人生の終わりの数時間、父は幻覚を見始めた。だが切れ切れに明晰状態になる瞬間があり、父は数分間意識を取り戻した。その間彼は現実に戻った。そうした瞬間を捉えて、私は最後にもう一度、父をどんなに愛しているか、どんなに大切であったかを伝えた。私は泣きじゃくっていた。涙が頬を伝い、鼻水が垂れた。驚いたことに、父はこちらを向き、私の目を覗き込んだ。その顔には優しさと慈愛に満ちた晴れやかな笑顔が浮かんでいた。彼は私の手を握ると真剣に私の言葉を聞いていた。一度として顔を背けることも、さえぎることもしなかった。

私は泣くのをやめて鼻をかむと、長年父に言いたかったことをすべて伝えた。父は優しさと愛に満ちた声で「ありがとう」と言い、そして付け加えた。「私もさ。お前を愛してるよ」。


私は二つのポイントを説明するためにこの話をした。両方ともこの章で詳しく説明する必要がある。最初の一つは小さな変化がとてつもない影響を与えるということだ。私の父は性格を変えたわけではなかった。だが、彼はたった一つの小さな変化を起こした。心を開き、現在に集中したのである。そして、たったの数分間だったが、この小さな変化は私が死ぬまで愛でるであろう、美しく愛すべき経験となったのである。

私たちの社会は、「よりよい人生を送りたければ、生活のあらゆる部分を大幅に改善するか、性格を大きく変えるか、考え方を変更せよ」と迫ってくる。（三つとも変えろと言う時もある。）だが私たちがこの考えを受け入れたとしても、ほとんどの場合助けにならない。自分に大きなプレッシャーをかけて終わるのが関の山だ。私たちは、何とか変わろう、よくなろうと自分にプレッシャーをかけ、期待に届かないと自分を責め立てる。だが悲しいかな、これらの努力は私たちを向上させるどころか落胆させる。

ならばいっそ荷物を軽くしてはどうか？　プレッシャーを取り除いてみては？　ローマは一日にして成らず、豊かで意味ある人生も同様である。もう少しリラックスしてみよう。一歩ずつ、ゆっくり行こう。イソップの愛すべき物語、「カラスと水差し」のように。〝少しずつ着実に〟は奇跡を起こすのだ。（訳注：くちばしが届かずに水差しの中の水を飲めなかったカラスは、石ころを一つずつ中に落とし、水嵩を上げて水を飲むことができた、というイソップの寓話）

短時間に大きな変化を起こそうとするのはたいてい、失敗へのレシピでしかない。時には成功することもあるが、うまくいかないことの方がはるかに多い。だが長い間の少しずつの変化は大きな違いをもたらす。デズモンド・ツツ大司教は言った。「今いる所でできる良きことをせよ。それらの積み重ねが世界を制するのだ」

父の話のふたつ目のポイントは、小さな変化を実践するのに遅すぎることはない、ということだ。もちろんあなたの心は同意しないだろう。人間の心は〝理由づけの機械〟なのだ。それは驚くべき明晰さで私たちが変化できない、変化しない方がいい、変化する必要がない理由を紡ぎ出す。中でもこの機械が大好きな理由は「もう遅すぎる！」「今は変われない」「これが私だ」「ずっとこういう風にやってきた」などだ。だがこれらの思考を信じてはいけない。私たちは、自分は変化できない存在だという見方を変え、学び成長し、別の行動、別の思考をするための無限のキャパシティーがあるという認識を持てるのだ。私たちがすべきことは心の声を聞き自分に尋ねることだ。「小さくても、私に起こせる変化は何だろう？　自分が理想とする人間に近づくために、私に言えること、できる小さなことは何だ？」

父が、死に際ではなくもっと早くに変わってくれていたらと思う。だが私は彼がくれた素晴らしい別れの贈り物に心から感謝している。父は心を開き、現在にとどまり、私が本当の気持ちをシェアすることを許してくれたのだ。そして彼は喜んでそうしてくれた。それは悲痛だが心温まる、本当に美しい思い出だ。そして、息をしている限り意味ある行動をするのに遅すぎることはない、という強力なメッセージでもある。

第18章　悪い習慣を打ち壊せ

かつてマーク・トウェインは言った。「タバコを辞めるなんて簡単なことだ。私はもう千回も辞めている」。タバコを吸ったことがない人でも、偉大な作家の機知に富んだこの洞察には共感できるだろう。あなたは今まで何回、「もうこんなことするもんか！」と言っただろうか？　そしてその翌日、あなたはそれをしたに違いない。今まで何回「この次は違ったやり方をしよう」と考えただろうか？　そして〝この次〟が来ると、あら不思議、あなたはまた同じことを繰り返してしまうのだ！

人生がうまくいっている時でさえ、私たちは簡単に悪い習慣にはまってしまう。そして圧倒的な現実からの一撃に直面した時は、その傾向が一層強くなる。悪い習慣とは、〝問題への三つの対処〟で説明した三つ目のパターン、逃げ出すことはしないが、変化を起こすための行動はせず、時には状況を悪化させる行動をすることである。これには薬物やアルコールの過剰な使用から家族や友達と疎遠になること、攻撃的、対立的な態度、重要な仕事やエクササイズを避けることなども含まれる。

私たちは多くの〝悪い習慣〟を持っており、それらをすべて追い払おうとするのは無謀というものだ。他の章でも触れたが、成功の秘密は小さな変化をいくつも起こすことだ。レンガを積むのは一つずつ、である。一度にいくつもの悪習慣に対処しようとしても、圧倒されて投げ出してしまうだろう。だが、これは何とかすべきだと思える悪習慣がひとつだけなら、それを消すための道具はすべて揃っている。もちろんそれには時間と努力、熱意が必要だ。マーク・トウェインは言った。「習慣は習慣だ。誰もそれを窓から放り出すことはできない。階段を一段ずつ降ろしていくしかない。」だがそれがあなたにとって重要なら、あなたにはできる。

■習慣のパターンを変える

自己破滅的な習慣を変えるための六つの質問がある。

1. それはどんな行動か？
2. それが起こるきっかけは何か？
3. その習慣の見返りは何か？
4. 代償は何か？
5. 代わりにできることは何か？
6. どんなスキルが使えるか？

一つ一つ見ていこう。

1．それはどんな行動か？

問題のある習慣を追い払うには、それがどんな行動を含んでいるかはっきりさせることだ。あなたが実際に言うこと、していることは何か？　たとえば、〝先延ばし〟という言葉はあなたの具体的な行動を指してはいない。それが示すのはあなたが〝していない〟という事実だ。あなたが重要な義務や行動を先延ばしにしているなら、代わりにしている行動を特定しよう。それはテレビゲームだろうか？　ニュースを読むことだろうか？　壁をじっと見つめる？　スナック菓子を食べる？　それとも犬を撫でる？　あるいはベッドに横になることだろうか？

あなたの習慣が〝友人を避ける〟ことだとして、あなたが現実に言ったりしたりしていることは何だろうか？　テキストメッセージを無視する？　招待を断る？　言い訳をする？　何かの集まりを直前でキャンセルする等だろうか？

アントニオは最初、彼の問題は酒を飲み過ぎることだと言っていた。私はもっと詳しく表現するよう言った。「どのくらいの量を飲むんだい？」答えは、一晩でビールを七、八本ということだった。

2．それが起こるきっかけは何か？

その行動が起こるきっかけを特定するのは重要だ。どんな状況、思考や感情がそれを引き起こすのか？　いつ、どんな時にそれは起こりやすいか？　引き金になる特定の人々、場所、状況、出来事はあるか？　行動する直前に、どんな思考、感情、記憶、感覚、衝動が起こるか？（きっかけとなる思考や感情が分からない時は日記をつけるのが助けになる。それをした時と場所、それを始める直前の思考と感情を記録しておこう。）

アントニオの場合、きっかけは仕事を終えて帰宅する時だった。きっかけとなる思考と感情は不安、罪悪感、胸苦しさ、胃のむかつき、ソフィアの思い出、そして「クソ、また張り詰めた夜が来やがった」といった思考だった。そしてもちろん、ビールを飲みたいという衝動である。

3．その習慣の見返りは何か？

どんな習慣にも見返り（何らかの利益）とコスト（マイナス面）がある。見返りについては必ずしも知っておく必要はないが、それが役立つことも多い。なぜか？　その習慣の理由が分かるからだ。もし見返りがなければそんな習慣はとっくに辞めているだろう。なので、そこから何を得ているかを知ることは役立つ。主な見返りは次のようなものだ。

・望ましくないものから逃れられる
・欲しいものが得られる

以下は、〝悪い習慣〟のもっとも一般的な見返りの一部だ。

・苦手な人々、場所、状況、行事から逃れられる
・望まない思考、感情、記憶、感覚、衝動から逃れられる
・気分がよくなる
・必要なものが得られる
・人々の注目を集められる
・自分をよく見せられる（他人にも自分にも）
・自分が正しいと実感できる（間違っているのは他者）
・重要なルールをしっかり守っていると実感できる
・自分の問題に真剣に向き合っていると実感できる
・人生、世界、自分自身、他者などについてよく理解していると実感できる

アントニオはすぐに、ビールを飲むことで、A．苦痛の思考と感情から逃れられる、そしてB．リラックスさせてくれる、という二つを挙げた。もし習慣の見返りが特定できなくても心配ない。習慣を変えるために見返りを知る必要はない。それは役には立つが必須ではないのだ。

4．代償は何か？

あなたは、その習慣のために支払っている代償について理解していると思う。でなければそれをやめようとは考えなかっただろう。だが、代償について少し考えてみることには大きな意味が

ある。健康、幸福、バイタリティー、関係性、金銭、時間、機会の損失など様々な面において、あなたはその習慣のためにどんな代償を支払っているだろう？　価値ある行為をどのくらい犠牲にしたり、取りこぼしているだろう？　また、どのような望まないものを受け入れているだろう？（自分を鞭打つ理由を挙げているわけではない。心があなたを打ちつけるべく〝お前は無能〟の物語を持ち出してきたら、錨を降ろし、それから逃れ、自分を優しく抱きしめよう。）

　アントニオは、酒の飲みすぎが健康を損ない、結婚生活にもダメージを与えることを知っていた。だが、改めて考えるともっと大きな犠牲があることに気づいた。深酒をした夜は睡眠が浅くなり、朝起きても疲れが取れなかった。その結果、仕事中の集中力が弱まり、不機嫌になった。さらには、愛すべき、協力的なパートナーになるという自分の基本的価値が遠ざけられ、代わりに不安と罪悪感に苛まれるのだった。

5．代わりにできることは何か？

「これ以上○○○を続けたくない」と思うのは簡単だ。一方、「これの代わりに×××をしたい」と考えるのはとても難しい。だがそれこそが、習慣を打破するカギなのだ。あなたが2で挙げた、習慣のきっかけとなる困難な状況、思考や感情が現れた時、あなたはどうすべきか？　今までの習慣の代わりにすべきことは？　その時こそ価値に立ち戻ろう。あなたは自分の価値に基づいたどんな行動をするだろうか？

　アントニオは深酒をやめてほどほどに飲むことに決め、ビールは一晩八本ではなく二本までとした。彼の新しい習慣は、二本のビールをちびちびと二時間かけて飲むこと、そして飲み終わったらその晩はハーブティーか水に切り替えることだった。

6．どんなスキルを使う？

やめようと考えるだけでは習慣は追い払えない。今まで見てきた1から5までの情報は非常に役立つが、ＡＣＴのスキルを実行した時、本当の変化が起こるのは6の質問だ。習慣のきっかけとなる思考、感情、記憶、感覚、衝動が現れた時どんなスキルを使うべきか？　錨を降ろす？　思考から逃れる？　感情に居場所を作る？　自分に優しく、価値とつながる？

アントニオが使ったのはこれらすべてだった。彼は仕事から帰ると、自分の〝パートナーとしての価値〟を確認した。愛情深い、気遣いに満ちた、相手の支えとなる、我慢強い、理解に溢れたパートナー。家に到着すると車から降りる前に三分時間をとり、錨を降ろし、思考から逃れ、自分の価値をざっと思い浮かべた。そして心を開き、感情に場所を空け（酒を飲みたいという衝動にも）、セルフ・コンパッションを実践した。そして夜の間、必要に応じてこれらのスキルを繰り返し使った。セルフケア、愛情、支えとなること等の自分の価値、具体的には節度を持った飲酒、妻と充実した時間を過ごす等を心がけると、今までとはまったく違ったものを味わうことができた。

これらの変化は一夜にして起こったのだろうか？　彼は変化をもたらす努力を完璧にやってのけたのか？　新たな態度を常に保ち続けたのだろうか？　答えは完全に〝ノー〟である。ほとんどできなかった。なぜか？　私たちと同様、アントニオが人間だったからだ。人間とは不完全なものだ。我々はすぐに間違いを犯す、欠点だらけの存在だ。いつも物事を台無しにしては落ち込む。それは苦痛だ！　だからこそセルフ・コンパッションが必要なのだ。

実際、〝悪い習慣〟を変えるには莫大な時間と努力、エネルギーがいる。そしてスムーズにことが運ぶこともほとんどない。ＡＣＴのスキルを使ってうまくいくことがある。それほどうまく行かないこともある。（思い出して欲しい、パーフェクトなものなど存在しない。）スキルを使うことをすっかり忘れてしまうこともある。その気になれない時もある。そんなもの御免だと思う時もある。（繰り返すが、私たちは人間だ。）盛り上がりも落ち込みもする。突き抜けることもあれば後退もある。うまくいく時もあればいかない時もある。習慣を変える時、こうしたことは当然起こる。

そして、新しい習慣が定着するまでには時間がかかる。多分数ヶ月は必要だろう。二十一日間で習慣を変える、といった類の本を信じてはいけない！　そうした主張を裏付ける科学的根拠はない。十代から二十代にかけて、私はとんでもない大酒飲みだった。だが現在、酒を飲むことはほとんどない。私にとって〝飲み過ぎ〟は完全に克服された習慣である。だが〝不健康な食習慣〟――特にチョコレートやケーキ、アイスクリームなど――とは今でも時折戦っている。そんな時、私は本書で紹介したエクササイズをすべてやり、何とか健康な食生活を維持することもある。だがまた、ＡＣＴを使わず、不健康な食事パターンに逆戻りし、体重を増やしてしまう時もある。つまり、やめるのが簡単な習慣と、そうでないものがあるということだ。

■新しい習慣を継続する

人生を豊かにする行動パターンを始めるのと、それを習慣にすることはまったく違う。どうすればそれが習慣になるまで新しい行動を維持できるだろうか？　この困難を克服する方法は、数千とは言わないまでも数百は存在する。だがこれをいくつかにまとめることはできる。私はこれを〝7つのR〟と呼んでいる。Reminders「リマインダー（通知）」、Records「記録」、Rewards「見返り」、Routines「習慣化」、Relationships「関係」、Reflecting「考える」、Restructuring「立て直す」である。

一つ一つ見ていこう。

●リマインダー（通知）

折に触れて新しい習慣を思い出させるシンプルなツールを設定する。コンピュータのポップアップやスクリーンセーバー、スマートフォンの画面に、マインドフルに行動することや、自分の価値などを思い出させるキーワードや短い文章、シンボルを設定する。あるいは昔からよくある方法だが、カードにメッセージを書いて冷蔵庫に貼りつけたり、バスルームの鏡に立てかけたり、車のダッシュボードに貼ったりもできる。日記やカレンダー、スマートフォンのノートアプリに言葉を書きつけておくのもよい。〝呼吸〟〝休止〟〝忍耐〟などの単語や、〝解き放つ〟〝気遣いと思いやり〟などの文章を書いてもいいだろう。あるいは明るい色のステッカーを腕時計のバンドやスマートフォンの裏、コンピュータのキーボードに貼りつける。これらを使用する度に新しい習慣を思い出せるだろう。

●記録

一日の行動を記録しておくのもいい。いつ、どこで新しい習慣を行ったか、そしてどんな見返りがあったか等を書き出すのだ。また、いつ、どんな時に以前の習慣が復活したか、その結果どんな代償を支払ったかも記録しよう。記録するのは日記でもノートでも、紙でもコンピュータスクリーンでも構わない。

●見返り

自分の価値に基づいた新しい習慣を行うこと、それ自体が見返りとなればベストだ。だが他の見返りを付け加えることによって、新しい習慣をさらに根づかせることも可能だ。見返りの一つの例は、優しく勇気づけるような独り言をつぶやくことだ。たとえば「いいぞ、よくやった！」と自分に語りかける。または、うまくいったこと、進歩したことを自分の愛する誰か、こうしたことにポジティブに反応してくれる人とシェアするのもいい。あるいは、もっと物質的な見返りを好む人もいるだろう。もしこの習慣を一週間続けたら本当に欲しいものを買う、やりたいことをする等だ。たとえばマッサージを受ける、本を買う等。

●習慣化

あなたがエクササイズやヨガをするために毎朝同じ時間に起きるとして、しばらくするとそれは自然な習慣になる。そうなれば気力を振り絞る必要もなくなっているだろう。意志の力は少なくてすむのだ。それはもはやあなたの習慣だ。ちょっと実験してみよう。新しい習慣をいつもの日課や日常的な儀式にすることができれば、それはあなたの人生の一部になるだろう。たとえば、職場から帰宅する際、車を降りる前に二分間だけ錨を降ろすエクササイズをする。次に、玄関のドアまで歩く間、自分がどんな価値に基づいて生きたいかを考えてみよう。

●サポート関係を作る

〝勉強友達〟がいれば学習ははかどるように、〝エクササイズ友達〟がいればエクササイズがはかどる。アルコール依存者更生プログラムでは、参加者は〝スポンサー〟とペアを組む。スポンサーは、その参加者が追い詰められた時、酒を飲まないように助ける。あなたの周囲には、あなたの新しい習慣を優しく見守り勇気づけてくれる人がいるだろうか？　〝見返り〟のところで触れたように、その人と日常的に連絡をとり進行状況を報告する。習慣を記録して、その人にメールで送ってもよい。また、誰かに〝リマインダー〟になってもらい、新しい習慣が必要な局面になったら教えてくれるように頼むのもいい。パートナーにこんなふうに頼もう。「僕が怒鳴ったりしたら言ってくれ、〝ちょっと錨を降ろしたほうがいいよ〟って」。

●考える

自分がどういう行動をし、それが人生にどのようにはね返っているかについて、常に考えるようにしよう。いい方法は、それを書き出す（記録する）こと、または誰かと話し合うこと（サポート関係）だ。あるいは心のエクササイズとして一日を通してやってみるのもいい。ベッドに入る直前でも、朝起きたらすぐでもよい。ちょっとの間、次のような質問の答えを考える。「自分はうまくやっているか？」「どんな行動がうまく行っているか？」「どんな行動がうまく行かないか？」「もっとたくさんできる行動は？　もっと減らせる行動は？　別のやり方はないだろうか？」

かつての習慣に再び戻ってしまった時のことも考えてみよう。何がこれらの再発、後戻りの原因になったのか、それがどんな結果をもたらしたか（どんな被害を被ったか）考えよう。もちろんこれは自分を責めるためにやるのではない！　古い習慣に戻った時、健康、幸福の面でどんな代償を支払うのかを、判断を加えることなく考えてみよう。それがあなたに与える損害に気づき、あなたが正しい方向に戻るための動機として使おう。

●立て直す

新しい習慣をスムーズに実行するために、環境を立て直すことが可能な時もある。そうすることで習慣を持続する可能性が高まる。新しい習慣が〝健康的な食生活〟だとすると、キッチンを改修してそれにふさわしい環境を作ることもできる。ジャンクフードは隠すか捨ててしまい、冷蔵庫や食品庫を健康な食材だけで満たす。毎朝ジムに行くならば、必要な器具をジムバッグに入れてベッドの横など、目立つところに置いておこう。朝起きたらすぐに出かけられるように。（もちろんジムバッグを置いておけばリマインダーの役目も果たす。）

これが七つのR、〝リマインダー（通知）〟〝記録〟〝見返り〟〝習慣化〟〝関係〟〝考える〟〝立て直す〟である。ここで少し創造力を働かせてみよう。これらの方法を心ゆくまで組み合わせ、長続きさせるためのツールを作ろう。幸運を祈る！

■以前の習慣に逆戻りする

「練習は物事を完璧にする」と言った人は勘違いしている。完璧などというものは存在しない。たしかに練習は人生のスキルを向上させてくれるだろう。だが自滅的な習慣をすべて永遠に消し去ってくれることはない。あなたはときおり（そして私も、この星のすべての人々も）ミスを犯し、失敗し、かつての習慣に引き戻される。そしてこれは何度でも起こる。実際、人間はあまりに失敗を繰り返す。

私はいつもクライアントに二つの質問をする。

1．この次あなたが失敗したら、その状況をもっと上手に乗り切るために何を言い、どんな行動をするか？

2．あなたが自分や他人を傷つけた場合、何を修正し、損害をいかに修復するか？

質問に答える前に、自分の価値を振り返り、自分がどんな人間になりたいかをよく考えよう。あなたがマインドフルに、基本的価値に基づいて行動できるとして、自分が失敗したことに気づいた時何を言い、どんな行動をするか？　自分を許し、解き放ち、次に進むだろうか？　自己批判で身動きが取れなくなるのを避け、人生を前進させるために、苦痛の感情に場所を空けてやり、助けにならない思考から逃れ、自分に優しくし、問題に前向きに対処するだろうか？

これは、あきらめるのとは違うということに注意して欲しい。現実的になるということだ。私たちは練習することで、価値に沿って生き、人生に集中し、許しとセルフ・コンパッションをマスターし、苦悩の思考から逃れ、苦痛の感情に居場所を作ってやることがうまくなるだろう。練習を積み重ねるほど未来の見通しは明るくなる。だが同時に、非現実的な期待、完全を目指すことも避けなければならない。私たちはいつも最も効率よく行動していけるわけではない。私たちは聖者やスーパーヒーローになれるわけではない。私たちは人間であり、完全な存在にはなれないのだ。どんなにＡＣＴの理論を実践しようと、新しい習慣がどんなに身につこうと、それを忘れて昔の習慣に戻ってしまうことは起こりえる。

なので、私がクライアントをカウンセリングする時は、必ず〝再発〟について話し合う。

「さて、あなたは今後、奥さんや子供を怒鳴りつけない、代わりにあなたがなぜイライラしているかを辛抱強く穏やかに説明する、という誓い（コミットメント）を立てました。あなたが一〇〇％真剣なのは私も理解しています。心からの決意をもって実行するつもりですね。一つ質問させてください。今後あなたが愛する人々を二度と怒鳴りつけない可能性はどのくらいあると思いますか？」クライアントのやる気をくじくためにこんなことを言うのではない。現実を理解して欲しいだけなのだ。私が率直にこう言うと、多くのクライアントは感謝してくれる。彼らは〝完璧にやらなければ〟の物語にしがみつくのを止める。

　結論を言うと、変化を起こすのは大変だ。私たちにはその能力があるが、それは簡単ではない。自分で成功への道のりをお膳立てしよう。小さな変化、一歩ずつ進む、レンガを積む時は一個ずつ。そして、もし以前の習慣に戻ってしまったら（必ず戻る）、まず錨を降ろし、痛みを認め、そして自分をやさしく抱きしめよう。

第3部

人生に再点火する

第19章　人生という舞台劇

「教えて。この生気にあふれた貴重な人生を使って、あなたは何をするの？」

——メアリー・オリバー

あるコメディアンがヤジを飛ばしている観衆にこう言ったのを聞いたことがある。

「あなたは二億の精子の中でたった一人の生き残りなんだよ！」

二億の精子のうちの一匹だけが卵子を受精させられる、という事実を考えると、我々が生きているのはとんでもなくラッキーだということになる。この考えを推し進めて、あなたが今この場所に存在するために必要だったすべての出来事、あなたの両親が出会ったこと、両親の両親が出会ったこと、などについて遡って考えると、あなたの存在自体が奇跡とさえ思えてくる。生きていることは素晴らしい特権なのだ。

〝特権〟とは、特別な人、あるいはグループに与えられる強みのことだ。そして強みとは、私たちを優位な立場に起き、様々な機会をくれる状況、環境のことだ。私たちは科学者がホモサピエンスと呼ぶ特別なグループのメンバーであり、多くの人間が死んでいる中で今生きているということは、つまり私たちは恵まれているのだ。おかげで私たちは互いにつながり、気遣い、与え合い、愛し合い、学び、成長することができる。人生を特権として扱うとは、そうした機会を捉え、それに感謝し、抱きしめ、味わうことだ。

第7章で、現実からの一撃に死が関係している場合、あるいは死に直面した経験であった場合、多くの人がその後、死を運命や予感として意識するという話をした。人間誰もがいつか死ぬ、という事実を痛感するのだ。そしてそれは大抵、不安や脆弱性、情緒不安定を引き起こす。だがこうした思考や感情を追い払おうとせず、深く掘り下げてみると、それは重要なメッセージを私たちに告げようとしていることに気づく。それらは、人生はとても貴重であり、私たちは皆弱きものだということを思い出させようとしているのだ。残り時間がどのくらいあるかは誰にもわからない。私たちは持ち時間を最大限に使わなければならないのだ。このエネルギーにあふれた人生を最大限に利用すべきなのだ。

言うのは簡単だが、どうすれば実践できるのだろう？　本書で紹介してきた原則を実行しているなら、あなたはすでにその道を歩んでいる。人生は舞台劇だ、という考え方がある。舞台にはあなたのすべての思考、感情、記憶、感覚、そして衝動が載っている。あなたが見て、聞いて、触れ、味わい、嗅ぐことのできるものもすべてである。そしてこの舞台劇は刻一刻と変化していく。また、あなたの中には、少し後ろに下がってこの劇を客観的に見ることのできる自分が存在する。その自分は、ズームインして細部に集中したり、ズームアウトして全体を眺めたりできる。ステージの一部の照明を暗くしたり、スポットライトを当てたりもできる。

日常使う言葉には、この〝自分〟をうまく言い表すものがない。詩人の気分になった時、私はそれを〝観察する自己〟と呼ぶ。だがいつもは〝あなたの中の目覚めているあなた〟と言う。あなたはこの存在を、本書で紹介したすべてのマインドフルネスエクササイズで利用してきたのだ。思考に気づく、感情に気づく、体に気づく、行動に気づく、自分の周囲の世界に気づく。それはいつも準備万端整えて待っており、あなたが舞台の特定の部分に照明を当てたい時はいつでもそうしてくれる。またこの劇は常に変化する。まったく同じであることは決してない。ある時、満足と喜びに満ちていると思えば、次の瞬間には苦痛と惨めさで一杯になる。

　現実からの一撃に打たれると、舞台のスポットライトは苦痛に当てられ、舞台の他の部分は暗くなる。すると人生には痛み以外のものは存在しないかのように感じられる。だが、舞台の他の部分に光を当ててみよう。舞台全体を明るく照らすのだ。苦痛と同時に、それを取り囲む部分の人生にも光を当ててみる。（痛みがどんなに大きくても、人生はそれよりずっと巨大だ。）拡張された意識から見て、人生は何の不足も損傷もないことが分かったら、あなたはどうするだろう？　それどころか、何かとても価値のあるものを発見したとしたら？　苦痛に喘いでいる時でさえ幸福感をもたらしてくれる秘密の宝を見つけられるとしたら？

　もちろん心は言うだろう。「この問題を抱えている限り、他のことなんてどうでもいいよ」「○○と××がない限り、私の人生は空虚で無意味だ」あるいは「他のことなんて関係ない」。こうした思考につかまると霧の中で迷子になり、よろめき、息も絶え絶えになってしまう。霧から逃れたければ錨を降ろし、今に意識を向けよう。つまり、それらの思考から逃れ、意識を広げ、痛みだけではなく人生のすべてに注意を向けるのだ。

私たちが普段当たり前だと思っていることに意識を向けると何が起こるだろう？　意識を向けるだけでなく、感謝し、大切に慈しむとどうなるか？　今この瞬間、呼吸や視力、聴力、手足を動かせることのありがたさに気づいたら、友人、家族、隣人と会えることを素晴らしいと感じたら、どんな変化が起こるだろうか？　ふと散歩に出て、周囲のものの美しさに感嘆したことはあるだろうか？　空気を吸い込んでその新鮮さに感動した経験は？　暖炉の火や暖かいベッドを心から楽しんだことは？　家で作った料理を味わったり、出来立てのパンに感激したり、熱いシャワーを浴びて、その時間を最高に楽しんだことは？　誰かを抱きしめたりキスしたことや、本や映画、夕陽や花に感動したり、子供やペットを慈しんだことはないだろうか？

ここまで読んで、あなたの心は言うだろう。「ラス、これは素晴らしいことだ。でも今とんでもない苦難に陥っている人々はどうだい？　こんなこと彼らにはどうでもいいんじゃないか？」

私の答えは「とりあえず、すべきことをしろ」だ。現実からの一撃を食らった時は、まず錨を降ろして自分をやさしく抱きしめる。次に行動を起こす。もしそこから離れることができない場合、変えられるものを変え、変えられないものは受け入れ、価値に沿って生きる。すべてやった後で相変わらずひどい状態ならば、感謝し、味わい、慈しむ対象を見つけるのはかなり難しいだろう。だがそれは不可能ではない。

ネルソン・マンデラはその自伝、『自由への長い道』（ＮＨＫ出版）の中で、ロベン島の刑務所に収監されている間、採石場への毎朝の行進をいかに楽しむことができたか、新鮮な海風や野生動物の美しさをいかに慈しんだかについて記している。

イタリア系ユダヤ人、プリーモ・レーヴィは第二次世界大戦が終わる年、アウシュヴィッツ強制収容所に送られた。彼の体験を記した感動的な本、『アウシュヴィッツは終わらない――これが人間か』（朝日選書）で、レーヴィは厳寒のポーランドに薄い服一枚で、いかにして毎日の過酷な労働に耐えたかを述べている。そして春の日が訪れた時、彼は心の底から太陽の暖かさを味わうことができた。

最後に、もう一人のユダヤ人強制収容所経験者、ビクトール・フランクルを紹介しよう。著書『夜と霧』（ＮＨＫ出版）の中で、フランクルは悪夢のような体験の真っ只中に、妻と過ごした素晴らしき日々の記憶がいかに心の支えになったかを語っている。

断っておくが、私は現実からの一撃から目をそむけたり、それが起こらなかったかのように振る舞うことを勧めているのではない。見たくないものは無視し、舞台の他の部分に注目せよと言っているわけでもない。ポジティブに考え、起こったことはすべてベストだなどと主張するつもりもない。（もちろんそうしても構わない。だがほとんどの人にはうまくいかない。特に長期的に見た場合は。）また、感謝し楽しむことがすべての苦痛を取り去り、幸福を感じさせてくれるとも言わない。

私のおすすめはシンプルだ。舞台劇の隅々に光を当てよう。すべての困難、苦痛の思考や感情を認め、またすべての喜びや驚嘆すべき物事も認めよう。まず、私たちが生きており、この驚くべき舞台劇を見られるという特権に感謝しよう。そして、劇の中に自分が愛でることのできるものを見出そう。この本で言った他のことと同じように、これも「言うは易《やす》く行うは難《かた》し」である。なぜか？　人間の心の初期設定は、自分が持っていないものに注意を向けるようになっているからだ。足りない能力、直すべきこと、変えなければ、解決しなければ人生を楽しめない物事。結果として、「持っているものに感謝しろ」という言葉を聞くと、心はただちにシニカルに反応するようになってしまった。今、あなたの心が反論しているなら、カフェの中でだれかが大声で話しているくらいに考えておこう。言いたいことを言わせ、それにとらわれたり論争に引き込まれたりしてはいけない。そして次のことを考えよう。「持っているものに感謝するにはどうしたらいいか？」

■感謝することの美しさ

持っているものに対する感謝の念を深めることはすごく簡単だ。心を開き、好奇心を持つという、ちょっと特殊な注意の向け方をすればよい。ではやってみよう。この文章を読みながら、目がこのページをどんなふうにスキャンしているかに気づこう。目が無意識に、単語から単語をどのように追っているかを観察しよう。

次に、視力を失ったらどんな人生になるか想像してみよう。あなたは何を失うだろうか？　本が読めず、映画も見られず、愛する人の表情も分からず、鏡で自分の顔を見ることも夕日を眺めることもできない。もちろん車の運転もできない。

■五つのものに注意を向ける

●この段落を最後まで読んだら、数秒間、読むのをやめ、周囲を見回して五つのものに注意を向けよう。（しっかり注意を向けること。）一つ一つに数秒間意識を向ける。その形、色、素材に注意を払う。それらを初めて見る好奇心旺盛な子供のように。表面の模様や印を観察しよう。光はどのように反射しているか、どんな影を作っているか。その外形、輪郭、物体が動いているか止まっているか。これらの経験に心を開いて新しい何かを見つけよう。たとえ心が「こんなこと退屈だ」と言ったとしても。

●それが終わったら、目があなたの人生にもたらしてくれるもの、視力があなたに与えてくれるものについて考えよう。あなたが盲目だったらどんな人生になるだろうか？　人生のうち、どのくらいのものを失うだろうか？

この短いエクササイズは二つの重要なマインドフルネススキルをもたらしてくれる。〝集中すること〟と〝味わうこと〟だ。心を開き興味を持って何かに注意を向けると、私たちは自分の現在の行為に没頭することができる。現在していることと一体化できるのだ。自分の目に感謝し、視力がもたらす奇跡を大切にすると、感謝と幸福感が訪れる。つまり〝経験〟を味わえるのだ。

■自分の手に感謝する

●次は、この本を読みながら、あなたの手が何の努力もなく本を支えていることに気づこう。この段落の終わりまで読み進めたら本を取り上げ、本を逆さにして空中に軽く放り投げ、キャッチしてみよう。一分ほど、色々なやり方で本をもて遊んでみよう。片方の手でトスしてもう片方でキャッチしたり、ページをパラパラとめくってみたり、高く捧げて落とし、地面に落ちる前につかんでみよう。そしてこれらの動作をしながら、手の動きに注意してみよう。自分の手に好奇心を向けよう。それらがどんな動きをすればよいのか熟知しており、親指や他の指がスムーズに連携していることに気づこう。もしあまり気が進まなかったとしても、心を開いてこの経験を受け止め、そこから学ぼう。

●あなたの手はどれほど驚くべき存在だろうか？　それがなかったら人生はどれほど困難になるだろう。この段落を読み終わったら、両手を使って何か心地よいことをしよう。頭皮をやさしくさすってみよう。こめかみをマッサージしてみよう。瞼をこすったり、肩を揉んでみよう。ゆっくりやさしく、心を開き、子供のような好奇心をもって、一分間ほどやってみよう。手の動きに注意しよう。手が生み出す感覚と、それに対する体の反応にも注意しよう。

●これが終わったら、両手がどれほどあなたの人生に寄与し、どれほどの物事を可能にしてくれているかに気づこう。そして呼吸に集中する次のエクササイズをやってみよう。

■自分の呼吸に感謝する

●本書を読みながら呼吸を遅くしてみよう。何回か、ゆっくりとした深い呼吸をしながら肩を落とそう。呼吸がもたらすシンプルな喜びを味わいながら、あなたの肺が果たしている役割を考えてみよう。あなたはどのくらいそれに頼っているか。肺は、あなたの健康にどのくらい貢献しているか。

●世界中の数百万の人々が、心臓と肺の病を抱え、呼吸困難に苦しめられている。喘息や肺炎を患っている人にはそれがどんなに辛いか理解できるだろう。病院か老人ホームの、心臓か肺の疾患を抱えた人々を訪れたことがあるだろう。肺に水が溜まり、呼吸は酸素吸入マスクに頼るしかない。自分がそうだったらどう感じるだろうか。その人になったつもりで人生を振り返り、肺が健康だった頃、人生がどんなに楽だったかを思い出してみよう。私たちは日頃、肺と呼吸にどんなに依存しているだろう？　それが正常に働くのは当然だと思っていないだろうか？　ほんのちょっとの時間、肺が正常に働き、リズミカルに息を吸ったり吐いたりできるという事実に気づき、その経験を味わってほしい。

一日の間にちょっと一休みする時間をとり、持っているものに感謝すれば、大きな満足感を得られるだろう。これはいつでもどこでも可能だ。ほんの数秒でも、心を開き好奇心をもって、見えるもの、聞こえるもの、触れられるもの、匂いを嗅げるものに意識的になってみよう。愛する人が浮かべた笑顔、日の光の中できらめく埃のダンス、呼吸が肺を出たり入ったりする感覚、子供たちの笑い声、コーヒーを淹れる匂い、バタートーストの香ばしい香り。

　この練習があなたの問題をすべて解決するなどと言うつもりはない。自分の人生は申し分のないもので、必要なものなどなく、望みも欲求もない振りをせよと言っているわけでもない。このエクササイズの目的は人生の満足度を高めることだ。〝宝を見つける〟練習は、私たちの心の初期設定である〝欠乏と不満〟、そしてそれがもたらす〝現実とのギャップを埋めようとする、あるいは回避しようとする態度〟とはまるっきり異なる心理状態である。

　あなたがこの次に水を飲むときには、いつもよりゆっくりと、最初の一口を味わってみてはどうだろうか？　口に含んだ水を動かし、いかに渇きが癒やされるかを実感しよう。

　この次に散歩に行った時、足の動きに注意を向けてみよう。その動きのリズム、力強さ、筋肉の動きの連携など。そして、あなたを動かしてくれるそれらの働きに感謝しよう。

　この次に美味しい食事を食べる時、最初の一口をゆっくり味わい、舌が味覚を感じること、歯が食物を噛み砕く時、喉がそれを飲み下す時の驚くべき働きを感じてみよう。

　私たちは皆、人生を当たり前のものと捉え、現実からの一撃の周囲にあふれている驚異を忘れてしまう。だが、思い出すために困難を経験する必要などない。水を飲むことの素晴らしさを知るために、渇きで死にかける必要はないし、足が体を運んでくれることに感謝するために、足が動かなくなるのを待つことはない。視力や聴力に感謝するために、それらが衰えるのを待つ必要もない。これらの宝物に、今、ここで、感謝を捧げよう。

第20章　人生を一〇〇％堪能する

今あなたはエアコンの効いた素敵なホテルの部屋にいる。窓の外に目をやったあなたは、自分の目がとらえている純白の白砂の浜辺と真っ青に広がる海に息を呑む。波が太陽の光の中できらめき、椰子の木が優しく風に揺れている。目を見張るような光景だ。だが、波が砕ける音はあなたの耳には届かず、顔に降り注ぐ太陽の光を感じることも、新鮮な空気を吸い込んだり匂いを楽しむこともできない。これが〝半分しか存在していない〟状態だ。あなたは現在を幾分か経験しているが、かなりの部分が失われている。

さて、あなたはバルコニーに出てみた。そして生き返った気分を味わう。肌に太陽の光のキスを浴び、風が髪を優しくなで、新鮮な潮風が肺を満たす。これが、完全に現在を味わっている状態だ。この瞬間の人生に集中し、その豊かさに浸り、飲み干し、楽しむ。この本の初めの方で、主に心の傷を癒す方法としてマインドフルネスを紹介した。錨を降ろし、苦痛の感情に場所を作り、困難な思考から逃れる、等。この章ではマインドフルネスの違う側面を掘り下げよう。人生を当たり前のことと考えるのをやめ、それに一〇〇％集中するためにマインドフルネスを使うのだ。

■集中の時間

何かに集中している時間はとても自然なものだ。尊敬している人に会う時、私たちは意識を集中する。すべての注意を向け、彼の言葉一つ一つに聞き耳を立てる。「あの人は存在感がある」と言ったり、「彼らは人を惹きつける」と言う時、彼らがすぐに、ごく自然に私たちの注意を引くことを意味する。だが、友人や同僚、家族など、普段から一緒にいる人々の場合、いるのが当然になってしまい、話をろくに聞いていない、などということはないだろうか？　それどころか彼らが延々と話をすると〝集中するのが難しい〟と文句をいい、彼らに〝退屈な人間〟というレッテルを貼ったりする。

また、レストランの美味しい料理の最初の一口を味わったり、新しい爽やかな香りを嗅いだり、あるいは雄大な虹を見つめる時などに、私たちは完全な意識集中を経験する。だがそれもすぐに萎んでしまう。美味しい料理も三、四口目には、その味に慣れてしまうのだ。

もちろん私たちは味わっている。だがもう堪能してはいない。舌で味を解きほぐし、感触を楽しむことをしなくなってしまうのだ。私たちの興味は口の中の感覚ではなく、ディナーを共にしている人との会話に移り、食事は自動運転モードに切り替わる。同様に、素晴らしい香水も数分と経たないうちに背景に溶け込み、意識しない限り気づきもしなくなる。

ここで少し、集中の時間をとってみよう。話を進める前に、次に紹介するエクササイズを五秒から十秒、それぞれの指示の通りやってみよう。

■音のエクササイズ

●まず、自分の耳を〝開いて〟、しばらくの間、聞こえてくる音に注意を向けよう。

●自分の体が発する音を聞いてみよう。(椅子の中で体が動く音、自分の呼吸など)

●次に、全身を耳にして周囲の音を聞き取ろう。

●聴力範囲をゆっくりと広げ、可能な限り遠くの音を聞き取ってみよう。天気の音や、遠くを走る車の音が聞こえるだろうか?

●これらの音に囲まれながら、振動、脈動、何かのリズムなど、別の要素にも注意を向けよう。

●止まる音、始まる音に注意しよう。電気のブーンという音、ファンが回転する音など、ずっと続いている音にも気づいてみよう。それが荘厳な音楽であるかのように耳を傾けてみよう。音程、音量、音質などに注意しよう。

●これらの音を聞きながら、それが一つの音ではないことに気づこう。音の層の中の、さらなる層、リズムの中のリズム、周期の中の周期に注意してみよう。

●ここで、あなたが聞いている音と、心がそれに紐づけてくる言葉と映像の違いに気づこう。

結果はどうだっただろうか？　音を聞きながら、〝現在〟に完全に意識を集中することができただろうか？　それとも心が集中の邪魔をしただろうか？　ほとんどの人は後者を経験する。あなたの心は様々な思考をささやき続けて集中を妨げただろう。「こんなの退屈だよ」「こんなこと私には無理」「これはちょっと飛ばそう。僕には必要ないし」。など。それとも「今日の夕食は何だろう？」だろうか？　あるいは、音から想起される映像、人々や車、鳥、天気などを生み出してあなたの注意を引きつけようとしたかもしれない。聞こえてくる音を分析をするよう仕向けたかもしれない。「これは一体何の音だろう？」そしてあなたは音を識別してしまったかもしれない。「ああ、これはトラックだな」。

あるいは、心はあなたを〝現実とのギャップ〟に引き戻したかもしれない。抱えている問題について心配させたり、現在のひどい気分を反芻させたり、このエクササイズの有効性を疑わせたり等。心が何をしようと関係ない。思考に気づき、放っておこう。

■リサとカエルの話

「もう耐えられないんです」。リサは言った。「あと一晩でもあの忌々しいカエルの声を聞かされたら、私はおかしくなってしまうでしょう」。

彼女はほんの一週間前、新しい素敵な家に引っ越したばかりだった。不幸なことに、彼女の隣家の裏庭には大きな池があり、そこにはとてつもなくうるさい鳴き声のカエルの一家が住みついていたのである。彼女によれば、カエルの鳴き声は拍子木を打ちつけるような騒音で、それが一晩中続くという。それは凄まじく神経に障る音で彼女は何時間も眠れぬ夜を過ごした。三種類の耳栓を試したが効果はまったくなかった。そして彼女は、カエルに毒を盛ることさえ考えている、と恐る恐る告白した。

私は彼女にマインドフルネスの音のエクササイズをやってもらった。そして、エクササイズの終盤、私のオフィスの向かいの道路でうるさい音を立てている芝刈り機に注意を向けてもらった。私は音に完全集中するよう彼女に言った。心のささやきは背景で鳴っているラジオのように無視して、芝刈り機の音だけに集中してもらった。大いなる好奇心をもって、音のあらゆる側面を聞く。リズム、振動、高い音、低い音、音量や音程の変化。素晴らしい歌手の歌声に耳を傾けるかのように。後で彼女は、騒音が、癇に障るノイズから興味深い音に変わったと語ってくれた。また、今まで何百回と芝刈り機の音を聞いたはずなのに、それがこんなにたくさんの様相を含んでいることに気づかなかったとも言った。私はこのエクササイズを毎晩ベッドの中で行い、隣家のカエルの鳴き声にマインドフルに耳を傾けてみるよう言った。

一週間後、彼女は晴れやかな笑顔で、毎晩エクササイズをした結果、今やカエルの声を楽しんでいる、と報告してくれた。それは心地よくリラックスさせてくれ、眠りに落ちる助けにさえなっているとのことだった！

とはいえ、あなたに非現実的な期待を持ってほしくはない。こうしたエクササイズが常にこれほどドラマチックな結果をもたらすわけではない。特に、エクササイズを始めて日が浅く、マインドフルネスのスキルが十分に磨かれていない時は。加えて、長い時間現在に集中するのはとても難しいということも忘れないでほしい。心はあらゆる手段を使って私たちの注意を逸らそうとしてくるからだ。このエクササイズに上達するには練習以外に方法はない。毎日の習慣として、シンプルですぐできるエクササイズを二つ紹介しよう。

■人々のマインドフルネス

●毎日、一人の人物を選び、その顔を初めて見るつもりで観察してみよう。目の色、歯と髪の毛、肌に現れたしわのパターン、喋り方、体の動かし方、歩き方、表情、ボディーランゲージや声の調子などに気付こう。

●彼らの感情を読み取り、感じていることに同調できるかやってみよう。

●彼らに話しかけられたら、相手は今まで出会ったうちでもっとも魅力的な話し手で、その話を聞くために百万ドルを払ったつもりで集中しよう。（エクササイズのヒント：誰をエクササイズの対象にするか前の晩に決めておき、朝一番に誰を選んだか思い出そう。こうするとエクササイズのことを憶えておける。）

●もう一つ大事なことは、このマインドフルなやりとりの結果、何が起こったか観察することだ。

■楽しみのマインドフルネス

●毎日ひとつ、シンプルで楽しい行動を選ぼう。いつもは当たり前のように、自動運転モードで行っているような作業が望ましい。そして、あらゆる喜びの感覚を引き出すつもりでそれをやってみよう。

●愛する人を抱きしめる、猫をやさしく撫でる、犬の散歩に行く、子供と遊ぶ、冷たい水や温かいお茶を飲む、ランチやディナーを食べる、好きな音楽を聞く、シャワーを浴びたり熱い風呂に浸かる、公園を散歩する、何でもいい。（注意：思考に囚われてしまうような行為、読書、数独《すうどく》、チェスやクロスワードパズルなどは避けよう。）

●それを真剣に行う間、五感をフルに使い、見、聞き、触り、味わい、嗅ぎ、行為のあらゆる側面を堪能しよう。

経験に集中し、それを味わう能力を高める練習は無限にある。自分で考え出してもよい。必要なのは、物でも行動でも行事でも、心を開き興味を持って、完全に集中することだ。五感を使って細かい部分まで吸収しよう。同時に、それがいかに自分の人生に貢献してくれているかに気づこう。

そして、定番の「自分なんてダメだ」の物語には用心しておこう。それはいつも後ろに潜んでおり、私たちをつかまえるとあっという間に地獄行きの定期便に乗せてしまう。ある時私たちが〝今・ここ〟の人生を楽しんでいたかと思うと、次の瞬間には地中の奥深くに連れ去られてしまう。だが幸い、天国行きの定期便もある。役に立たない物語から逃れ、苦痛の感情に居場所を作り、現在の瞬間に錨を降ろすと、私たちは深みから浮かび上がり光に到達する。さらに一歩を踏み込んで、持っているものに意識的に感謝すると、現実が変わることを実感できる。痛みが消えてなくなることはない。だがそれはもはや意識を支配しない。失ったものを認めると同時に、持っているものに気づき感謝できるようになる。

第21章　喜びと悲しみ

私のクライアントの一人、クロエは乳がんと診断され、いわゆる支援グループに入会した。彼女が期待していたのは思いやりと高い自己意識を持ったコミュニティーで、がんの苦痛と恐ろしさに現実的に向きあうと同時に、援助と勇気をくれる場所だった。だが実際は、彼女の言葉を借りれば〝狂信的なポジティブ・シンキング集団〟だったという。メンバーたちはクロエの痛みも恐怖も認めてくれなかった。代わりに押しつけられたのはポジティブに考えること、がんを〝贈り物〟と思うことだった。彼女達は、がんになったことを幸運と考えるべきだ、なぜならそのおかげで〝目覚め〟、人生を享受するチャンス、学び、成長し、愛する機会が与えられたのだから、と言った。

　個人的には、私は真剣に学び、成長し、愛することに賛成だ。そして本書も、目覚め、人生を享受することについての本だ。だが、がんを贈り物と考え、がんになったことを幸運と思えというのは少々度が過ぎている。〝がん〟という言葉を〝我が子の死〟〝自宅の焼失〟〝性的暴行〟〝難民キャンプでの生活〟あるいは〝足を失う〟に置き換えてみよう。これらの出来事を〝贈り物〟と呼び、その当事者たちに〝あなたは幸運だ〟と言い放つのはどれほど無神経なことだろうか？

それは気遣いや思いやりとは正反対の行為だ。

私たちは、学び、成長し、目覚め、人生を味わう様々な機会に恵まれている。これらを経験するために、何かひどいことが起こるのを待つ必要はない。もしひどいことが起こったら、もちろんそこから学び成長しよう。だがそれが素晴らしいことだというふりをしたり、ラッキーだなどと考えるのはやめよう。

とは言え、私たちは時に、自分を襲った病気や怪我、臨死体験などが人生で最高の出来事だったと語る人々に出会うことがある。それが彼らの人生をポジティブに変えたというのだ。私も二人ばかりそういう人に会ったことがある。さらにもっと多くの体験談を読んだ。そうした真の体験にはまったく感動させられる。だが、このような人々は本当に少数で、多くはこうした見方はできない。ならば自分に正直になろう。悪いことが起こった時、それがどんなに苦痛かを認め、自分自身にやさしくしよう。そしてそれができたら初めて、この経験から何を学び、どう成長できるか考えよう。

さて、苦痛を認めてやり、自分にやさしくし、状況を改善する努力をしたら、自分にいくつか質問をしてみよう。あなたを襲った現実からの一撃は、当然あなたが望んだことではない。人生が、あなたの意思とは関わりなしに起こしたものだ。だが起こってしまった以上、自分に以下のように問いかけるのはいいことだ。

・この経験から何を学び、どう成長できるだろうか？

・この経験から自分のどんな資質を伸ばせるだろうか？
・どんなスキルを学び、伸ばせるだろうか？
・どんな強みを伸ばせるだろうか？
・どんな人間関係を深められるだろうか？

すべての〝現実からの一撃〟は私たちを成長させてくれる。あまりありがたくない招待状だが、断ると人生は確実に劣化する。ならば喜んで受け入れ、最大限に利用してはどうだろうか？ それをきっかけにマインドフルネスとセルフ・コンパッションの能力を高め、自分の価値に触れ、目的に沿って行動してみよう。

人生の醍醐味は学びと成長の機会がたくさんあることだ。それはいつでもどこでも、私たちが息を引き取るその瞬間まで利用できる。好奇心を持とう。苦難に際していかに人生を深められるだろうか？ 忍耐と勇気、思いやり、粘り強さ、寛容などを高めることができないだろうか？

古い諺で、「あなたに準備ができた時、師が現れる」というのをご存知だろうか？ これを聞いた時、私は思わず引いてしまった。まるでニューエイジのたわごとに思えたのだ。秘密の悟りを開けばどこからともなくグルが現れる、と言っているように感じた。だが今の私の解釈はまったく違う。喜んで学ぶ姿勢があるなら、人生が運んでくるどんな料理からも学ぶことができる。それがどんなに苦痛でも、怖くても、何か役に立つものがあるはずだ。

私が「新しいアイテムを手に入れたよ」と言いながら銀色の小さな箱を取り出したとしよう。

上部には目立つ赤いボタンがついている。私は言う。「これはすごいよ。この赤いボタンを押すだけであらゆる恐れ、怒り、罪悪感、孤独感、悲しみが完全に消え去ってしまうんだ。苦痛な思い出もすべてね。しかも、もう二度と苦痛を経験しないですむんだ。ただ、一つだけ副作用がある。ボタンを押すと、君は周りの人やものを気にかけなくなる。友達も、パートナーも家族も。彼らが幸せだろうが悲しんでいようが、生きようが死のうが君には関係ない。自分の経歴も家も、隣人も、国も、この星についても気にかけない。何が起ころうと気にしない。人生の目標も持たず、欲望も望みもない。君の人生からは意味や目的というものが消え失せる。なぜなら君の人生には気にすべきものが一切ないからだ。だがその代わり、苦痛もなくなるよ」

　あなたはボタンを押すだろうか？

　これが人生の本質だ。周囲の人や物事を気にすると、自分の欲しいものと持っているものとのギャップに行き当たる。このギャップが大きいほど、痛みも大きくなる。自分にとって本当に重要なものは痛みも運んでくるのだ。

　あなたは苦痛の感情に居場所を作り、それらが自分の大切な一部であることを認められるだろうか？　苦痛が私たちに重要なメッセージを伝えていることに感謝できるだろうか？

　私たちが生きていて、心があり、何かを本当に気遣っているというメッセージを？
苦痛が自分の心と人々の心とをつなげてくれていることが分かるだろうか？　私たちの間にある違いの橋渡しをし、苦悩という共通点で私たちを結びつけていることを？　痛みがどんなものか知っている人だけが、苦しんでいる人間に同情できる。その時はじめて私たちは、〝共感〟の真の意味を理解するのだ。苦痛が、素晴らしい人間関係、他者の痛みを理解すること、他者を気遣い、喜んでやさしさを分け与える等の原動力になっている事実に、私たちは感謝できるだろうか？

感情は腕や足と同様、私たちの重要な一部なのだ。感情を避けたり、それから逃げたり戦ったりする必要があるだろうか？　腕や足に傷を負ったり、折れたり化膿したりすると痛みが起こる。だが私たちは手足を責めたりはしない。それらがなければいいのにとも思わない。腕や足に対する感謝の念はなくならない。

では、私たちの持っている〝気遣う〟能力について考えてみよう。気遣う能力を大切に思い、それが人生にもたらしてくれるものに感謝したらどうなるだろう？　気遣いがなければ痛みもなくなる。だが代わりに喜びも愛も笑いも消え失せる。私たちの人生はゾンビのようになってしまうだろう。すべては訳のわからない、無意味なものになるだろう。失望もフラストレーションもない代わりに、充足感も満足感もなくなるだろう。気遣いの能力は私たちに〝目的ある人生〟を歩ませてくれる。充実した人間関係、やる気をもたらし、人生の宝を見つけてそれを楽しむことに駆り立ててくれる。私たちは気遣いができることに感謝すべきではないだろうか？　それが多くの苦痛をもたらしているにしても。

感情を〝感じる〟能力についても見てみよう。私たちは体のあらゆる部分から送られてくる数億の電気信号を瞬時に処理、解読し、感情として受け止める、脳の驚くべき能力に感謝できるだろうか？

このシステムが壊れたとしよう。私たちはもう何も感じない。人生から何が失われるだろうか？　それはどれだけ空虚なものになるだろうか？

セルフ・コンパッションの考え方に従って、錨を降ろして目的を掲げ、自分の中の苦痛の感情を見て、やさしさと尊敬をもってそれに接することができるだろうか？　苦痛に場所を与え、平和を与え、気遣ってやれるだろうか？　苦痛が、私たちが大切にしているものを思い出させてくれているのを理解できるだろうか？　感情を〝悪いもの〟と決めつけず、それが存在していることを率直に驚けるだろうか？

私はこの章を一番最後に持ってきた。本書の中の私の主張で一番難しいものだと思ったからだ。痛みに耐えるのは難しい。受け入れるのはもっと難しい。だが感謝するのはもっとも難しい。

しかし、それは可能だ。人間が持っている感情という〝特権〟は、様々なことを気遣い、感じることを可能にしてくれる。考えれば考えるほど、この特権に対する私たちの感謝は深くなる。だが、この特権はタダではない。情熱には痛みが、気遣いには喪失が、驚嘆には恐れと戦慄がついて回る。

レバノン出身の作家、ハリール・ジブラーンは、彼の素晴らしい詩集、『ザ・プロフェット（預言者）』（至光社）の中でこのことをズバリと表現している。以下はその抜粋である。

喜びと悲しみ

あなたの喜びは仮面を取った悲しみに過ぎない。

同じように、あなたに笑いをもたらしたものはあなたの涙で満たされている。

それ以外何があろうか？

あなたに刻まれた悲しみが深いほど、あなたが得られる喜びも大きい。

あなたのワインのカップは、焼き窯の業火で焼かれたものではないか？

あなたの魂を癒すリュートは、ナイフで抉られた木でできたものではないか？

歓喜に満ちている時、心の奥底を覗き込むがよい。あなたに喜びをくれたものは、悲しみをくれたものと同一であることに気づくだろう。

悲しみに暮れている時、心の中を覗いてみよ。あなたが嘆いているものは、かつては喜びであったことが分かるだろう。

「喜びは悲しみよりも偉大だ」という者がいる。「いや、悲しみの方が偉大だ」という者もいる。

だが私は言う。この二つを分かつことはできない。

二つは一緒にあなたを訪れ、一つがあなたと共にある時、もう一つはあなたのベッドで寝ているのだ。


人生は素晴らしき特権だ。そして私たちに降りかかる困難は、それを最大限に活かすために存在する。価値を私たちのガイドとし、自分にやさしく接し、悲しみにも喜びにも居場所を作ってやり、人生という常に変化し続ける偉大な舞台劇に完全集中することができるだろうか？　もちろん、できる。だが、私たちは現実的でもあるべきだ。不都合な真実は、私たちがしばしば、これらを実行するのを忘れてしまうことだ。一方、都合のよいことに、私たちがそれを思い出せば、再び選択することができる。自分をやさしく抱きしめ、錨を降ろし、行動しよう。そしてその瞬間その場所に、私たちは宝を見つける。宝は常にそこにあるのだ。たとえ人生が苦痛に満ちている時でも。

付録A　思考を中和するテクニック

〝思考を中和する〟とは、思考を新しい文脈でとらえ、それが単なる言葉と映像で出来ているものに過ぎないと直ちに認識できるようにすることだ。そうなると思考の力は失われる。

中和のテクニックは、思考の視覚的な面（例：それを〝見る〟こと）か、聴覚的な面（例：それを〝聴く〟こと）のどちらか、あるいは両方を強調する手法だ。次のテクニックをやってみて、何が起こるか興味をもって観察することをお勧めする。どのテクニックがあなたに最も適しているかはやってみるまで分からない。うまくいくものもあるし、まったく効果がないものもあるだろう。（時には逆効果となって、いっそう思考に囚われてしまうこともあり得る。あまりないことだが、時々起こる。）

覚えておいて欲しいのは、〝思考から逃れることの目的は思考を追い払うことではない〟ということだ。また不快な気分を軽減することでもない。それは、思考に迷い込んだり操られたりせず、現在に集中できるようになることを目指す。役に立たない思考から脱フュージョンすると、それらはしばしば〝消え失せる〟。不快な感情も弱まる。だがこうした結果はあくまで〝ラッキーボーナス〟であり、目的ではない。そうなった時は遠慮なく喜ぼう。だがそれを期待してはいけない。期待すると必ず失望する。
次に紹介するテクニックを試し、結果を観察して欲しい。思考から逃れる助けになるテクニックが一つか二つ見つかったら、それを数週間やってみて、どんな違いが出るか見て欲しい。だがもしこれらのテクニックがあなたの自己評価を下げたり、からかわれているように感じるなら使うのをやめよう。

■視覚による中和のテクニック

まず、いつもあなたをつかまえ、苦しめる思考をいくつか紙に書き出そう。以下に紹介するいくつかのテクニックから一つを選び、順を追ってやってみよう。その結果がどんなものでも、心を開き興味を持って受け止めよう。

■紙の上の思考のエクササイズ

●あなたを悩ませる思考を二つか三つ、大きな紙に書き出してみよう。（紙とペンが手元になかったら、頭の中でこのエクササイズを行うこともできる。）
●その紙を自分の顔の前に掲げて、その思考に数秒間没入してみよう。
●次に、紙を膝に置き、周囲を見回し、見えるもの、聞こえるもの、触れられるもの、味わえるもの、匂いを感じとれるものを認識しよう。

- 思考がまだあなたと一緒にあることを意識しよう。思考の中身は変わっておらず、あなたもそれらをはっきり認識している。だがそれらが持つインパクトは、紙を膝に置いた時、顔の前に掲げた時よりも弱くなったのではないだろうか？

- 紙に書かれた思考の下に、棒線画（○と線を使った単純な人間の絵）の落書きを描いてみよう。（あなたに芸術の才があるならアニメのキャラクターを描いてもいい。）文章のまわりにフキダシを描き、棒線画のキャラクターのセリフのようにしてみよう。（漫画のフキダシのように。）完成したあなたの〝漫画〟を見てみよう。漫画のおかげであなたと思考との関係が変化したのではないだろうか？

- この方法をいくつかの思考や棒線画（あるいはアニメキャラ）で試してみよう。棒線画に色々な顔を描いてみよう。ニコニコマーク、悲しい顔のマーク、大きな牙と逆立った髪の毛など。猫や犬、花などを描いて、そこに思考の吹き出しをつけてみよう。思考の持つインパクトに変化が生じただろうか？　思考が単なる言葉の羅列であることが理解できただろうか？

■コンピュータ画面のエクササイズ

このエクササイズは頭の中でやっても、実際にコンピュータで行っても構わない。（多くの人にはコンピュータでやる方が効果的なようだ。）まずあなたの思考を黒の小文字でスクリーンにタイプする。（あるいはしたと想像する。）そして次はフォントや色を変えてみる。様々な色やフォント、サイズを試し、それらの変化がどんな効果をもたらすか見てみよう。（注意：ボールドの赤の大文字はフュージョンを引き起こす傾向があり、淡いピンクの小文字は脱フュージョンを起こしやすい。）

●文字の色を黒の小文字に戻し、今度はフォーマットを変えてみよう。単語と単語の間に大きな隙間を入れてみよう。

●次は、文字をすべてひらがなにして句読点もなくしてみよう。

●こんどは、すべてカタカナにしてみよう。

●元に戻して一つの文章にしよう。

今のあなたはこれらの思考をどんなふうに感じているだろうか？　それが単なる言葉である

ことが分かりかけてきたのではないか？（思い出してほしい、思考が事実かそうでないかはここでは関係ない。それを単なる言葉として、あるがままに見ることが大切なのだ。）

■カラオケのテクニック

●文章にしたあなたの思考がカラオケのスクリーンに映し出されているのを想像してみよう。歌詞の位置を示すマークがスクリーン上の単語から単語に移っていくのを思い浮かべよう。これを何度か繰り返してみよう。

●気がのれば、ステージに立った自分がスクリーンの言葉を歌っているところを想像するのもよい。

■思考のシナリオを変える

●あなたの思考を違った書き方にしてみよう。それぞれのシナリオを五～十秒間想像し、次のシナリオに移ろう。自分の思考が次のように書かれているのを想像しよう。

・子供の本の表紙の、楽しいカラフルな文字
・レストランのメニューのおしゃれな文字
・バースデーケーキの上の砂糖の文字

・黒板にチョークで書かれた文字
・ジョギングのTシャツのスローガンの文字

■流れの上の葉っぱや空の雲のテクニック

●流れの上をゆっくりと滑っていく葉っぱ、あるいは空に浮かぶ雲を想像してみる。思考を葉っぱや雲の上にのせ、それが流れていくのを眺める。

■聴覚による中和のテクニック

聴覚による中和のテクニックは、思考を違う視点で見るための、さらに多くの方法を提供してくれる。試して結果を見てみよう。

■変な声のテクニック

●自分の思考を変声にして言ってみよう。心の中でも口に出してもよい。（普通は口に出す方が脱フュージョンの効果が大きい。だが時間と場所には気を配ろう。会議の席などではやらない方がいいだろう！）アニメのキャラクター、映画俳優、スポーツコメンテーター、あるいは外国のアクセントが強い人など。いくつか声を試して結果を見てみよう。

■ゆっくり、すばやく、のテクニック

●まずものすごくゆっくり、思考を口に出そう。想像しても口に出してもよい。次にものすごい早口で言ってみよう。（ちょうどシマリスのように。）

■歌うテクニック

●自分の思考をハッピーバースデーのメロディーにのせて歌ってみよう。実際に歌っても想像でも構わない。他のメロディーも試してみよう。

■オリジナルの中和テクニックを作ろう

独自の中和テクニックを作ってみよう。要は、思考を〝見える〟、〝聞こえる〟、あるいはその両方の形で新しい解釈ができるようにすればよいのだ。思考をキャンバスに描いて視覚化してもよいし、絵葉書にしても、漫画のスーパーヒーローの胸の部分に描いてもよい。中世の騎士の盾に刻み込んでも、飛行機がたなびかせる横断幕にしてもよい。バイクライダーの背中の刺青や、シマウマの縞の部分に書き込むのも面白い。絵に描いても、描画や彫刻にするのもいいだろう。文字がダンスを踊ったり、ジャンプしたり、フットボールをしているのを想像してもよい。映画のエンドタイトルにしてテレビ画面を下がっていくのを見るのも楽しい。シェークスピア役者やラジオのアナウンサーがあなたの思考を朗読している所や、ロボットの音声、ロック歌手の歌にするのも面白いだろう。限界を決めるのはあなたの想像力だけである。色々試し、楽しんでやって欲しい。

付録B　呼吸のマインドフルネス

このエクササイズはあなたのマインドフルネスのスキルを磨くのにとても役立つ。（The Reality Slap のサイトの Extra Bits で無料のオーディオがダウンロードできる。）

始める前にどのくらいの時間行うか決めておこう。十～二十分が理想的だが、もっと短くても、あるいは長くても構わない。（タイマーなどを利用するのもいい。）また、ごくまれに、呼吸に集中するとめまい、しびれ、不安などの不快感を経験する人がいる。もしそうなったらエクササイズは中止しよう。ペットや子供、電話など、集中を邪魔するものがない静かな場所で、楽な姿勢を取ろう。椅子やクッションに座るのがいいだろう。（横になっても構わないが、寝入ってしまいやすいのが欠点だ。）座る場合は背筋を伸ばし、肩の力を抜こう。目を閉じるか、どこか一点に視線を固定しよう。（目を開けていた方が眠る心配がない。）

最初の数回の呼吸では、肺の中の空気をゆっくり空にすることに集中しよう。未だかつてなかったほどゆっくりと、肺の中が空っぽになるまで吐く。そのまま数秒間息を止め、底の方から上部まで、自然に息が満たされるのを許す。

この呼吸を五、六回繰り返したら、通常のペース・リズムに自然に戻す。無理にコントロールする必要はない。

難しいのは呼吸に注意を集中すること、初めて呼吸をする好奇心いっぱいの子供のようにそれを観察することだ。息を吐く時、そして吸う時の、体に起こる感覚の違いに注目しよう。

・鼻孔に何を感じるか。
・肩に何を感じるか。
・胸に何を感じるか。
・おなかに何を感じるか。

心を開き、好奇心を持って、呼吸が体の中を流れる時の動きを追い、鼻、肩、胸、そして腹の部分に起こる感覚を追ってみよう。

エクササイズの間、心のつぶやきは後ろで流れているラジオのように聞き流そう。それを止めようとしてはいけない。さらに大きくなってしまうだけだ。好きなように喋らせておき、呼吸に注意を向け続けよう。時には思考や感情につかまり、エクササイズを中断させられる時もある。これは自然なことだ。そしてなくなることもない。（正直なところ、集中が十秒も続けば悪くない方だ！）

思考につかまったことに気づいたらそれを認め、自分に言おう。〝つかまったな〟あるいはそっとうなずき呼吸に注意を戻そう。

あなたは何度も繰り返し〝つかまる〟。そして、そこから逃れ、呼吸に注意を戻すたびに、あなたの集中力は強くなっている。心に千回つかまったなら、千回それを認め、呼吸に注意を戻そう。

エクササイズを続けるうちに体の中の感情と感覚に変化が起こる。リラックスや穏やかさ、平和など、心地よい感覚に気づくことがある。時には背中の痛み、フラストレーションや不安などの不快感が起こるかもしれない。だがそれが苦痛だろうと心地よさだろうと、目的はあくまで感情をあるがままにしておくことだ。

思い出して欲しい、これはリラックスするためのテクニックではない。リラックスしようとしてはいけない。ストレスや不安、退屈、イライラを感じてもまったく問題ない。目的は、感情が、もがくことなしに、この瞬間にあるがままに存在することなのだから。

苦痛の感情がある時は、そっとそれに名前を付けて、つぶやいてみよう。「退屈がやってきたぞ」「フラストレーションだな」「お、不安だ」それらをあるがままにさせ、あくまで呼吸に集中しよう。

こんな感じでやってみよう――エクササイズの時間が終わるまで、呼吸を観察し、不快な感情を認め、思考から逃れる。

終わったら十分にストレッチし、周りの世界とつながろう。そして、この価値あるスキルに時間を使った自分をほめてあげよう。

付録C　目標の設定

効果的な目標の設定は重要なスキルであり、コツをつかむまで練習が必要だ。

以下に紹介する方法は、許諾を得て「ザ・ウェイト・エスケープ（The Weight Escape）」（アン・ベイリー、ジョー・チャロッキ、ラス・ハリス著）から転載するものだ。このワークシートは筑摩書房のホームページから無料でダウンロードできる（ラス・ハリス、悩みで検索）。

■目標設定のための五つのステップ

●ステップ１：あなたをガイドする価値を決める

あなたの行動の指針となる価値を確認しよう。

●ステップ２：ＳＭＡＲＴ（賢い目標）を設定しよう

心に浮かんだ昔からの目標を使うのはあまり効果がない。それよりＳＭＡＲＴな（賢い）目標を設定しよう。以下がその詳細だ。

Ｓ＝Specific（明確なもの）

曖昧ではっきりしない目標、あるいは適当な目標は避けよう。たとえば、〝もっと愛される〟ではなく〝仕事から帰ったらパートナーをしっかりと抱きしめる〟と決める。つまり具体的な行動を書き出すのだ。

Ｍ＝Motivated by values（価値によって動機づけられたもの）

目標はあなたの価値に沿ったものでなければならない。

Ａ＝Adaptive（適応性のあるもの）

この目標を追求するのは賢明か？　それはあなたの人生を豊かにするものか？

Ｒ＝Realistic（現実的なもの）

目標が、あなたの持つリソースに照らして現実的かどうか検討しよう。リソースとは、時間、お金、健康、周囲からの支援、知識、スキルなどだ。これらが必要なのに持っていない場合、もっと現実的な目標に変更しよう。新しい目標は、お金を貯める、スキルを磨く、人間関係を広げる、健康状態を改善する等、持っていないリソースを得ることかもしれない。

T＝Timeframed（期限を設ける）

目標を達成する期限を決めよう。日にち、時間まで、可能な限り正確に設定しよう。そうすれば決めた通りの行動ができる。

あなたのＳＭＡＲＴゴール（目標）を以下に書き出そう。

●ステップ３：得られる恩恵を明らかにする

目標を達成することによって得られるもっともポジティブな結果を確認しよう。（だが、得られる結果を空想することは避けよう。研究結果によると未来を空想することはそれを成し遂げる可能性を低めてしまうという。）以下に恩恵を書き出そう。

●ステップ4：考えられる障害を明らかにする

目標を追求する途上で予想される困難や障害を想像してみよう。それらが起こったらどう対処すべきか考えておこう。以下について考えてみよう。

・あなたの内面にある困難は何だろう？（やる気の不足や自己不信、苦痛、怒り、絶望感、不安、心配などの困難な思考や感情など）

・考えられる外部的な困難は何だろう？（あなたを押し留める思考や感情ではなく、資金不足、時間不足、能力不足、関係者との対立など）

以下のような、思考や感情などの内面的な困難が起こった場合、私は以下のマインドフルネステクニックを使ってそれから逃れ、居場所を作ってやり、現在に集中する。

以下のような外部的な困難が起こった場合、

次のような手段で対応する。

●ステップ５：誓いを立てる

研究によれば、自分の目標を達成することを他者に誓うと、達成の確率が高まるという。（少なくとも誰か一人に目標を公言する。）気が進まない場合には、せめて自分に対して誓いを立てよう。だがもし最高の結果を引き出したければ、誰か信頼する人物に誓おう。

私は次のように誓う。（価値に沿って設定した自分のSMARTゴールを書き込む。）

では、自分の誓いを大きな声で言ってみよう。他者に対して言うのがベストだが、自分に言うのでも構わない。

■目標設定のためのその他のヒント

段階的な計画を立てよう。目標までの道のりを、具体的で計測可能な、時間軸に沿った小さな目標に分割しよう。

他の人々に自分の目標と現在までの進捗を話してみよう。自分の決意を公表することはあなたの決意を高めてくれる。

目標達成の途上で進歩があったら自分に報酬をあげよう。ちょっとした報酬は大きな成功にあなたを導く。（報酬はごくシンプルなものでよい。自分に〝よくやった！　いいスタートだ！〟と言ってやるのでもよい。）

あなたの進歩を記録しよう。あなたの成長を日記に書いたり、グラフや絵を描いてもいい。

ラス・ハリスの著作

●『幸福になりたいなら幸福になろうとしてはいけない――マインドフルネスから生まれた心理療法ＡＣＴ入門』（The Happiness Trap）岩下慶一訳　筑摩書房

世に流布している幸福の概念の多くは、不正確で、人々を惑わし、惨めな結果をもたらすものだ。「幸福になりたいなら幸福になろうとしてはいけない」は、こうした〝幸福の罠〟にはまることなく、人生を豊かで充実した、意義深いものにするためのガイドブックだ。心理療法ＡＣＴをベースとし、仕事のストレスから依存症、日常の不安からうつ、子育てのプレッシャーから末期疾患まで、様々な状況への応用が可能だ。本書は世界中のＡＣＴセラピストとその患者に広く読まれており、三十ヶ国語に翻訳され百万部以上を売り上げている。ウェブサイトwww.thehappinesstrap.comでは本書に関連する多くの資料が掲載されている（英語のみ）。

●『相手は変えられない　ならば自分が変わればいい――マインドフルネスと心理療法ＡＣＴでひらく人間関係』（ACT With Love）岩下慶一訳　筑摩書房

「相手は変えられない　ならば自分が変わればいい」は、一般的な人間関係の問題にＡＣＴの原理を応用した、示唆に富んだ有益な自己啓発本だ。対立、闘争、断絶から脱出し、許しと受容、親密さ、真の愛情に到達する、その方法を伝授する。

●『自信がなくても行動すれば自信はあとからついてくる――マインドフルネスと心理療法ACTで人生が変わる』（The Confidence Gap）岩下慶一訳 筑摩書房

理想とする自分と、現在のあなたとの間にギャップはあるだろうか？ 自信の欠如があなたを押し留めてはいないだろうか？ 私たちはみな、自信のギャップにはまり込んでいる。私たちはもっとよい仕事、ロマンチックな異性関係、何かのコースを受講すること、ビジネスを成長させること、あるいは兼ねてからの最大の夢を実現することなど、様々な願望を抱えている。だが恐れや疑い、不安が邪魔して行動を起こせない。ラス・ハリスは今まで数千人という人々に、ACTの法則を使って恐れを乗り越え、真の自信を育む援助をしてきた。本書はその奥義を明らかにする。思いやりに溢れ、実用的で示唆に富んだこの本は、あなたが情熱を傾けられるものを見つけ出し、挑戦をなしとげ、真の幸福に満ちた人生を作り上げる助けとなるだろう。

●『よくわかるACT（アクセプタンス&コミットメント・セラピー）――明日からつかえるACT入門』（Act Made Simple）武藤崇監訳 星和書店

経験豊かなACTのセラピストにも初めて接する人にも役に立つ、心理学者、カウンセラー、セラピスト、コーチのための実用的で楽しさにあふれたテキストブック。ACTの骨子となる手順の解説から、実際のソリューション、コーチングやカウンセリングの現場においての迅速で効果的な応用までを明快に説明する。ＡＣＴテクニックを用いてクライアントに劇的な効果をもたらすために必要なすべてのトレーニングが、本書に網羅されている。

●『使いこなすＡＣＴ――セラピーの行き詰まりからの抜け出しかた』（Getting Unstuck in ACT）武藤崇監修／三田村仰・酒井美枝・大屋藍子訳　星和書店

ＡＣＴを実践する臨床家が現場で直面しがちな問題をどのように解決するか、分かり易く解説した本。ＡＣＴの理論から実践において役立つヒント、カウンセリングの際に気をつけるべきこと等を詳しく説明している。

●『教えて！　ラス・ハリス先生　ＡＣＴがわかるＱ＆Ａ』（ACT Questions & Answers）武藤崇監修／大屋藍子・茂本由紀・嶋大樹訳　星和書店

ラス・ハリスが過去にＡＣＴの臨床家から受けた無数の質問から百五十を厳選し、答えていく本。セラピストがクライアントと接する中で直面する代表的な問題や疑問に、ハリスらしい平易な語り口で具体的・懇切丁寧にアドバイスしていく。専門書でありながら読みやすく、ＡＣＴを理解したい一般読者にも参考になる。

謝辞

何よりもまず、私のパートナー、ナターシャが本書の執筆中に捧げてくれた愛と援助は、感謝してもし切れないほど大きなものだ。（もちろん、執筆していない時の愛と援助も！）

次に、ＡＣＴの創始者であるスティーブン・ヘイズには、この驚くべき手法を世に出してくれたことはもちろん、私が本を執筆しキャリアを築く上で多くの助力と励ましをくれたことに、惑星大の感謝を捧げたい。同様の感謝を、常に私をサポートし、気遣ってくれた世界中のＡＣＴコミュニティーにも捧げる。

第三に、いつも変わらず良い仕事をしてくれる私のエージェント、サミー・ユステセンにも大きな感謝を。

第四に、ザ・ウェイト・エスケープ（The Weight Escape）の目標設定のステップの転載を快諾してくれたジョー・チャロッキとアン・ベイリーにも感謝する。

そして最後になったが、エグザイル・パブリッシングのすべてのチームメンバー、中でもガレス・トーマス、アヌースカ・ジョーンズ、カレン・ジーには、彼らが捧げてくれた努力と配慮、気遣いにトラック数台分の感謝を捧げたい。

索引

*は言葉自体は出てこないけれど、その言葉の内容をあらわしている箇所です。

ラス・ハリス　Russ Harris

医師で心理療法士、ストレスマネージメントの権威でもある。自らもアクセプタンス&コミットメント・セラピー（ACT）で不安との戦いを乗り越えた経験をもつ。著書『幸福になりたいなら幸福になろうとしてはいけない』が世界30か国で読まれ100万部を超えるベストセラーとなり、各地でマインドフルネスの活用方法を指導するワークショップを行う。英国生まれで現在はオーストラリア・メルボルン在住。

岩下慶一　Keiichi Iwashita

ジャーナリスト・翻訳家。ワシントン大学コミュニケーション学部修士課程修了。主に米国の文化・社会をテーマに執筆を行っている。翻訳書にクレイ・シャーキー『みんな集まれ　ネットワークが世界を動かす』、ラス・ハリス『幸福になりたいなら幸福になろうとしてはいけない』『相手は変えられない　ならば自分が変わればいい』『自信がなくても行動すれば自信はあとからついてくる』（以上、筑摩書房）、デイヴィッド・ゲレス『マインドフル・ワーク』（NHK出版）など。

自《じ》分《ぶん》自《じ》身《しん》にやさしくすれば
悩《なや》みの出《で》口《ぐち》が見《み》えてくる

マインドフルネスと心《しん》理《り》療法《りょうほう》ＡＣＴ《アクト》で人《じん》生《せい》のどん底《ぞこ》からはい上《あ》がる

2021年11月30日　初版第１刷発行

著　　者　ラス・ハリス

訳　　者　岩下慶一

発 行 者　喜入冬子

発 行 所　株式会社　筑摩書房

東京都台東区蔵前2-5-3　〒111-8755

電話番号　03-5687-2601（代表）

装　　幀　入倉直幹（井上則人デザイン事務所）

印刷・製本　中央精版印刷株式会社

ISBN 978-4-480-86477-2 C0011

◉筑摩書房の本◉

幸福になりたいなら幸福になろうとしてはいけない
マインドフルネスから生まれた心理療法ＡＣＴ《アクト》入門

ラス・ハリス
岩下慶一訳

「幸福になりたい」と願う心があなたを幸福から遠ざける。欧米で人気の「マインドフルネス」で、自分の身体や気持ちの状態に気づく力を育て罠から抜け出そう。

相手は変えられないならば自分が変わればいい
マインドフルネスと心理療法ＡＣＴでひらく人間関係

ラス・ハリス
岩下慶一訳

「私は正しい。間違ってるのはそっち！」と繰り返していても何も解決しない。争いをやめてお互いの違いを認め、心を開いてつながりを深める方法を学ぼう。

自信がなくても行動すれば自信はあとからついてくる
マインドフルネスと心理療法ＡＣＴで人生が変わる

ラス・ハリス
岩下慶一訳

自信のなさと戦うのをやめ、マインドフルネスとＡＣＴでネガティブな思考や感情をコントロールしよう。恐れや不安と新たな関係を築けば、次の一歩を踏み出せる。

パニック障害からの快復
こうすれば不安や恐怖は改善できる

S・スウィード
S・S・ジャフ
香川由利子訳

人ごみで突然、息苦しさや動悸、めまいなどに襲われるパニック障害。元患者と医者が協力して作った快復のための生活改善プログラムを紹介。元患者の体験談満載。

死別の悲しみを癒すアドバイスブック
家族を亡くしたあなたに

キャサリン・M・サンダーズ
白根美保子訳

愛する人の死がもたらす悲しみは、予想を超えて深くまた長引くもの。死別の悲しみを乗り越え新たな人生を生きるための考え方や具体的な対処法をアドバイスする。